中国民主化運動の旗手

劉《りゅう》暁波《ぎょうは》の霊言

自由への革命、その火は消えず

大川隆法
Ryuho Okawa

まえがき

ノーベル平和賞をとった自国民を、誇りに思うのではなく、「国家政権転覆扇動罪《こっかせいけんてんぷくせんどうざい》」で刑務所に放り込んで、その事実を国民に知らせないように報道管制を敷く。それが今の中国政府の一貫した体質である。

習近平国家主席が「くまのプーさん」に似ているという情報がインターネットで出ると、「くまのプーさん」という言葉は、情報網から一斉《いっせい》に消えてしまうのである。何しろ『情報警察』だけでも三十万人も目を光らせているのである。

粛清《しゅくせい》を政敵排除《せいてきはいじょ》に使う、共産主義的全体主義国家においては、「死人に口なし」という悪魔の教えが、憲法の第一条に来るべきであろう。

私は、こんな独裁主義国家の繁栄を神は許さないと思う。アジア、オセアニア、アフリカ、ヨーロッパの人々の未来をも護《まも》りたい。日本も、信仰を盾《たて》にしなければ、祖国《そこく》防衛は成り立たないだろう。今がその時だ。

二〇一七年　七月二十三日

幸福《こうふく》の科学《かがく》グループ創始者兼総裁《そうししゃけんそうさい》　大川隆法《おおかわりゅうほう》

中国民主化運動の旗手　劉暁波の霊言　目次

中国民主化運動の旗手 劉暁波《りゅうぎょうは》の霊言《れいげん》

――自由への革命、その火は消えず――

二〇一七年七月二十一日　収録
幸福の科学 特別説法堂《せっぽうどう》にて

「霊言現象《れいげん》」とは、あの世の霊存在の言葉を語り下ろす現象のことをいう。これは高度な悟《さと》りを開いた者に特有のものであり、「霊媒現象《れいばい》」(トランス状態になって意識を失い、霊が一方的にしゃべる現象)とは異なる。外国人霊の霊言の場合には、霊言現象を行う者の言語中枢《ちゅうすう》から、必要な言葉を選び出し、日本語で語ることも可能である。

なお、「霊言」は、あくまでも霊人《れいじん》の意見であり、幸福の科学グループとしての見解と矛盾《むじゅん》する内容を含《ふく》む場合がある点、付記しておきたい。

中国民主化運動の旗手 劉暁波《りゅうぎょうは》の霊言《れいげん》

――自由への革命、その火は消えず――

二〇一七年七月二十一日 収録

幸福の科学 特別説法堂《せっぽうどう》にて

劉暁波《りゅうぎょうは》（一九五五～二〇一七）

中国の人権活動家、作家。吉林省《きつりんしょう》生まれ。北京師範《ペキンしはん》大学で文学修士号・博士号を取得。一九八九年、コロンビア大学客員研究員として在米中に、北京で民主化運動が始まり、帰国して参加。同年六月、天安門《てんあんもん》事件でハンストを決行し、反革命宣伝扇動《せんどう》罪で投獄《とうごく》される。二〇〇八年、共産党の一党独裁を批判する「零八《れいはち》憲章」を起草・発表したことにより、二〇一〇年に国家政権転覆《てんぷく》扇動罪で懲役《ちょうえき》十一年の判決を受ける。同年、服役《ふくえき》中にノーベル平和賞を受賞した。

質問者

酒井太守《さかいたいしゅ》（幸福の科学宗務《しゅうむ》本部担当理事長特別補佐《ほさ》）

大川直樹《おおかわなおき》（幸福の科学上級理事 兼《けん》 宗務本部第二秘書局担当）

磯野将之《いそのまさゆき》（幸福の科学理事 兼 宗務本部海外伝道推進室長 兼 第一秘書局担当局長）

［質問順。役職は収録時点のもの］

1　天安門《てんあんもん》から始まった自由への革命

「文化大革命」で、いろいろなものが弾圧《だんあつ》された中国

大川隆法　今日（二〇一七年七月二十一日）は、先日、七月十三日に亡《な》くなられた劉暁波《リウシャオポー》氏、中国の民主活動家で、ノーベル平和賞の受賞者でもあります劉暁波《りゅうぎょうは》さんの公開霊言《れいげん》に挑戦《ちょうせん》してみたいと思っています。

この方に関する記事が最近の新聞などにチラチラと載《の》っていて、気にはなっていたのですが、情報が少ないので、よく分かりません。

この方は、私の同世代人ではあります。私より一つ年上の方です。

中国の大学や大学院を出てから、アメリカなどに留学なされていたようです。

一九八九年に留学先の米国から帰国し、「天安門事件《てんあんもんじけん》」の前に民主化運動に加わりました。

五月から天安門広場に出て、知識人として運動の中心に参画し、広場でのハンストに加わりましたが、六月四日、「天安門事件」で逮捕《たいほ》され、反革命宣伝扇動《せんどう》罪で起訴《きそ》されました。そして、監獄《かんごく》に投獄され、公職から除籍《じょせき》されたのです。

一九八九年というと、幸福の科学が活動を開始してから三年目ぐらいのときなので、本当に同時進行していました。みなさんのなかには、まだ生まれていないか、幼かった方もいると思います。

「天安門事件」は、まことに不思議な事件です。

中国北京市の天安門。楼上で毛沢東が建国宣言を行い、また、国章にも描かれるなど、中華人民共和国の象徴と言える。1989 年、天安門の手前にある大広場で、学生を中心とした一般市民が民主化を求める抗議デモを行ったのに対して、中国政府は軍を投入。武力弾圧は、天安門広場から長安街にまで及んだ。

その前には、「文化大革命」（一九六六～一九七六年）というものがあったのですが、これは失敗したのです。

毛沢東《もうたくとう》は、一九四九年に中華《ちゅうか》人民共和国を樹立し、革命を成功させたわけですが、そのあと、「先軍政治」を行《おこな》って軍事を優先し、また、農民に農業の指導をしたりしました。しかし、経済的には失敗し、食べていけない人が続出したのです。

それで、いったん、多少〝干《ほ》される〟ようなかたちになったようですが、「文化大革命」で〝逆襲《ぎゃくしゅう》〟に成功し、政権を奪還《だっかん》しました。

そのあと、毛沢東の奥《おく》さんの一人で、女優出身である江青《こうせい》を中心に、「四人組」が、毛沢東思想をもとに「文化大革命」を継続《けいぞく》しました。

これは、日本で言うと、文化・文政《ぶんせい》時代の江戸《えど》の改革（文政の改革）のようなものであり、歌舞伎《かぶき》などのように、「人々を堕落《だらく》させる」と見なされたものの粛正《しゅくせい》のような感じだったでしょうか。

この「文化大革命」では、京劇など、いろいろなものが弾圧《だんあつ》され、文化人や知識人等もかなり弾圧されました。

私は、「文化大革命」のときに両親や親戚《しんせき》が殺され、日本に逃《に》げてきた中国人女性から、直接、話を聴《き》いたことがあります。中国鍼《ばり》をやっていた人ですが、「たいへんひどい時代だった。身内が次から次へと捕《つか》まって投獄され、殺された。捕まったり殺されたりした人が身内にいない者は誰《だれ》もいない」というような時代だったらしいのです。

ただ、この「四人組」も、やがて追放され、粛清されました。

中国の旧態依然《いぜん》とした体制を見せつけた「天安門事件《てんあんもんじけん》」

大川隆法　そして、「不倒翁《ふとうおう》」ともいわれる鄧小平《とうしょうへい》が権力を握《にぎ》ります。

彼は、体は小さい人ですが、フランスに留学したこともあったと思います。経済感覚のあった人で、経済では資本主義を取り入れようとしましたが、政治においては共産主義を維持《いじ》しました。ソ連のような〝間違《まちが》い〟を犯《おか》さないために、「政治」のほうは共産主義でまとめながら、「経済」だけは、資本主義というか、自由主義系のよいところを取ろうとしたわけです。

中国では、そういうかたちで経済改革を始めていたのですが、そのころの一九八九年に「天安門《てんあんもん》事件」が起きたのです。

その前に、民主化デモが、天安門広場という、あの大きな広場で起きました。それを海外のメディアが取材に来ており、「中国が民主化できるかどうか」の試《し》金石《きんせき》のようなものではあったのです。

この一九八九年は、ちょうど「ベルリンの壁《かべ》」が破れた年でもあります。私は講演でそれについて述べたことがあるので（一九八九年十一月十二日説法《せっぽう》「無限の愛とは何か」。『無限の愛とは何か』〔幸福の科学出版刊〕参照）、よく覚えているのです。

当時、「ベルリンの壁」によって、西ベルリンと東ベルリンが分かれていました。東ベルリンのほうは、もちろんソ連の支配下にあり、西ベルリンは自由主義圏《けん》にあったわけです。

その壁を、ベルリン市民がツルハシで壊《こわ》したりして、乗り越《こ》えていきました。検問所等には警官などがたくさんいたのですが、とうとう人の波が壁を乗り越え、壁が崩《くず》されていくところを、私は中継で見ました。また、その二年後には実際に現地を見に行きました。

一九八九年は、そういう年です。

その年に中国では民主化運動が起き、「これがどうなるか」と思ったのですが、ここで、中国は、旧態依然《いぜん》とした体制を見せつけました。戦車等を出動させ、民主化運動をしている人たちを、戦車で轢《ひ》いたり、銃撃《じゅうげき》したりして、次々と殺していったのです。

そして、あっという間に、その死体も片付けてしまったため、いまだに「天安門事件」で死者が何名いたかも誰が死んだかも分かっていません。そのため、その関係者の家族は葬式《そうしき》もできない状態なのです。

この事件は、中国がそういう国であることを暴露《ばくろ》しました。「天安門事件」が起きたこと自体は分かったのですが、その詳細《しょうさい》について報道することは外国のメディアにもできなかったのです。それによって、「中国の本質は変わっていない」ということがよく分かったわけです。

政府批判で投獄《とうごく》され、獄中でノーベル平和賞を受賞した劉暁波氏

大川隆法　劉暁波氏は、文化人として民主化運動の中心人物の一人だったので、この天安門事件で反革命宣伝扇動《せんどう》罪で起訴され、投獄《とうごく》されましたが、一九九一年

に釈放《しゃくほう》されています。

一九九一年は、私たち幸福の科学が宗教法人格を取り、東京ドームで初めて講演会を行った年です。

彼は、その年にいったん釈放されたあと、〝裏切り者〟と言われながら、地下に潜《もぐ》ります。そして、『末日《まつじつ》に生き残りし者の独白《どくはく》』という回想録を密《ひそ》かに執筆し、発表しました。

しかし、一九九五年五月に、容疑を明らかにされないまま、再び身柄《みがら》を拘束《こうそく》され、一九九六年一月に釈放されました。

一九九六年というと、当会が総本山《そうほんざん》をつくりに入ったぐらいのときです。

同年、彼は政府批判の公開書簡を発表し、十月に労働改造のため、強制労働所送りになりました。

そして、二〇〇八年十二月には、中国共産党による一党独裁の見直しや、言論・宗教の自由などを求めた「零八憲章《れいはち》」を、中国の学者三百三人の署名を添《そ》えてインターネット上に発表したのですが、その発表直前に、またも彼は拘束されたのです。

二〇〇九年十二月には国家政権転覆《てんぷく》扇動罪で起訴され、二〇一〇年には「懲役《ちょうえき》十一年」「政治的権利の剝奪《はくだつ》二年」の実刑《じっけい》判決が確定し、刑務所に服役《ふくえき》しました。

その年の十二月に、「中国における基本的人権のために、長年、非暴力的闘争《とうそう》を行ってきた」という功績を称《たた》えられて、ノーベル平和賞を受賞します。しかし、刑務所を出ることはできず、「牢獄《ろうごく》のなかにいて受賞する」というかたちになりました。

ノーベル平和賞授賞式のステージ上の空席に置かれた劉暁波氏の賞状とメダル。写真左はヤーグラン・ノーベル賞委員長。(2010年12月10日)

中国の反体制派の受賞はダライ・ラマ十四世以来ですが、中国国内にいたままでノーベル平和賞を受賞し、服役中のため、本人不在で授賞式が行われたのです。二〇一七年六月には、末期の肝臓《かんぞう》ガンの治療《ちりょう》のため、仮出所しましたが、七月十三日に肝臓ガンのため死去しました。

死ぬ前には、西欧《せいおう》のほうから、「国外に連れ出して治療を受けさせたい」という要望があったのですが、中国側はそれを許さなかったのです。

それから、死んだあと、葬式を大々的にやられると、また反革命運動が起きる可能性があるので、中国は、「あっという間に、彼の遺体を焼き、遺骨を海に散《さん》骨《こつ》してしまう」という挙《きょ》に出ました。

要するに、「大々的な葬式をさせず、お墓《はか》はつくらせない」ということです。参拝者《さんぱいしゃ》が出たり、英雄視《えいゆうし》されたりすると困るからでしょうが、そうしたことがまた非難されました。

「初七日《しょなのか》」という言葉は、日本ではよく聞きますが、これは中国にもあるようです。彼の「初七日」のときに人が集まるといけないので、これもまた隠蔽《いんぺい》して押《お》さえ込《こ》むようなことをやっているらしいのです。チラチラ、チラチラと、そういう情報が漏《も》れてきています。

この方は、本としては、『天安門事件から「08憲章」へ　中国民主化のための闘《たたか》いと希望』（藤原書店刊）や、『「私には敵はいない」の思想　中国民主化闘争二十余年』（藤原書店刊）などを書いているようです。

そういうことで、私と同時代人です。

2　自由のない国家・中国の恐《おそ》ろしさ

「法治《ほうち》国家」と言いつつ「人治《じんち》国家」である中国

大川隆法　今日の朝、「この方の霊言《れいげん》は中国語か英語でないと無理かな」と思い、少し下調べをしてみました。（総裁補佐《ほさ》の大川）紫央《しお》さんが、頑張《がんば》って、中国語と英語を試《ため》そうとトライしたのですが、「日本語が分かる」とのことでしたので、それなら、こちらとしても〝便利〟でしょう。

日本語で本を読む人に分かってもらうことも大事です。また、それが英語に訳されれば、英語圏《けん》の方は分かりますし、中国の人も少し分かるでしょう。そして、中国語に訳されれば、さらによく分かるでしょう。

この方は、今の中国政府にとっては「不倶戴天《ふぐたいてん》の敵」のような方ですし、中国の恥部《ちぶ》というか、恥《は》ずかしいところを一生懸命攻撃《いっしょうけんめいこうげき》していた、憎《にく》き「獅子身中《しししんちゅう》の虫」に当たるわけですが、西洋から見れば、獄中《ごくちゅう》にあるにもかかわらず、ノーベル平和賞を出すに値《あたい》する方でもあるわけです。

また、最近では、習近平《しゅうきんぺい》氏が香港《ホンコン》に行って、香港の反革命運動を諫《いさ》めるために、「一国二制度は認めるが、反権力は認めない」というようなことを言ったりしているので、ずっと同じ流れはあります。

このあたりのことについて、私たちは実情を知りたいのですが、中国からニュースが取れないので、実際のことはよく分かりません。

それから、西欧《せいおう》や日本の報道などは、中国国内ではブラックアウト（テレビなどの画面が突然《とつぜん》真っ暗になること）することがあります。ＮＨＫの国際放送も、中国政府にとって具合の悪いことはすぐに消されるようですし、劉氏がノーベル賞を受賞したニュースも消されたといいます。

むしろ、中国では「孔子平和賞《こうし》」をつくってノーベル賞に対抗《たいこう》するようなことをしていたぐらいです。

いずれにせよ、中国には、「反革命罪」や「国家政権転覆扇動罪《てんぷくせんどう》」というものがありますが、確か、日本の刑法《けいほう》にも国家転覆罪のようなものはあったと思います（刑法第七十七条「内乱罪」）。

そういう意味で、中国人自身が本当に信じているかどうかは分かりませんが、中国のことを〝法治《ほうち》国家〟だと思っているのではないでしょうか。

つまり、自分たちがつくった法律に基《もと》づいて犯罪人を判断し、裁判をして刑務所に放り込《こ》むか、強制労働所に放り込むか、処刑するということをしているわけです。

ただ、彼らが「法治国家だ」と思っているものと、西欧の民主主義国家が「法

●韓非（前280頃～同233）　中国戦国時代の法家を代表する思想家。韓の使者として秦《しん》に赴くが、同学の李斯《りし》の讒言《ざんげん》により投獄され、獄中で自殺した。主著『韓非子』。

治国家だ」と思っているものとは、若干《じゃっかん》、性質が違《ちが》うものがあるということは知らなければいけません。

ちなみに、習近平氏は、諸子百家《しょしひゃっか》の一つである法家《ほうか》思想の韓非《かんぴ》や商鞅《しょうおう》に強く惹《ひ》かれているようです。

孔子たちが活躍《かつやく》した時代には思想家が多数輩出《はいしゅつ》されたため、彼らのことを「諸子百家」と呼んでいますが、『韓非子《かんぴし》』という本を書いた韓非や、変法《へんぽう》の政策を推進した商鞅は法家に当たります。

しかし、商鞅という人は、自分がつくった刑法により、結果的に捕《つか》まって殺されています。

まあ、よくある話ではあるのですが、法律をつくってその網《あみ》にかけ、自分たちに都合《つごう》の悪い者を片付けるのは簡単なことでしょう。

したがって、法治国家とはいっても、実質上は「人治《じんち》国家」であるということ

●商鞅（前 390 ～同 338）　中国戦国時代の法家思想家。「変法《へんぽう》」による国政改革で、始皇帝による天下統一の基礎を築いた。

もあって、時の政権を持っている者が自分たちにとって都合のいいように法制度をつくれば、それに反する者は一網打尽《いちもうだじん》にできてしまうし、口を封《ふう》じることもできるわけです。

ただ、同じようなことは日本の自民党政権にもあるのではないでしょうか。いわゆる「共謀罪《きょうぼうざい》（テロ等準備罪）」といわれる法律が出てきたあたりに、そういう恐《おそ》れは感じていました。

共産主義国の内実は「粛清《しゅくせい》の嵐《あらし》」が起きている

大川隆法　ともかく、「反国家勢力を罪にする」というのは分からなくもありませんが、今の中国のように「革命によってできた国」が反国家を罪にする」というのも、おかしいと言えばおかしいのではないでしょうか。それを罪にするのが「良い」というならば、「共産党革命」はありえないことになります。

　また、毛沢東《もうたくとう》自身は、「革命は銃口《じゅうこう》から生まれる」ということを言っています。彼の名言ではありますが、これは平和的手段ではありません。「言論や議論からではなく、銃口から革命が生まれる」「暴力先行で革命は起きる」というようなことを述べているわけです。

　したがって、ここには、「目的が正しければ手段は問わない」という考え方があります。そういう意味では、マキャベリズムに似たものがあるでしょう。また、これはマルクス思想のなかにも散見《さんけん》されます。

　マルクスは、「最終目的である共産主義的ユートピアをつくるためなら、その過程において暴力はやむをえない。手段としての暴力はありえる」というようなことを述べています。

　その結果、共産主義国においては、暴力革命から血の粛清《しゅくせい》がたくさん起きているわけです。これは大きな問題でしょう。

●**マキャベリズム**　イタリアの政治思想家であるマキャベリが、『君主論』のなかで述べた政治思想。「手段を選ばぬ権謀術数政治も、結果として国家の利益が増進されるならば許される」という考え方。

民主主義の始まりの一つであるフランス革命を見ても、王政の側だけでなく、革命家たちもギロチンにかけられて殺されたりしているので、このあたりは非常に難しい考え方ではあると思います。「敵対する者を殺したい」というのは、気持ちとしては分からないこともありませんが、民主主義を考える点においては大きな問題があるでしょう。

やはり、「邪魔者《じゃまもの》は粛清する」という考え方には、危険なものがあるわけです。こういう考え方が基本にあると、外見上は民主主義的なかたちを取り繕《つくろ》って、人民が大会堂に集まって議論をし、選挙をして国家主席が選ばれているように見えても、内実としては権力闘争《とうそう》で、「粛清の嵐《あらし》」が起きているだろうと思われます。

そういう意味で、「言論の自由」「表現の自由」「出版の自由」「信教の自由」「思想・信条の自由」等がない国は怖《こわ》いということを知ってほしいと思います。

今、自由のない国と西側との「言論戦・思想戦」が起きている

大川隆法　中国のこの問題は、幸福の科学の活動と同時期に起きていた問題ではあるので、もし、一九八九年の天安門《てんあんもん》事件で、戦車を繰《く》り出してまでして人民を殺すということが起きなければ、「中国の西側入り」もできた可能性はあるでしょう。

ただ、そこで〝うまく〟粛清したり言論弾圧《だんあつ》をしたりしていなければ、ソ連と同じ運命を辿《たど》って崩壊《ほうかい》していたかもしれないので、中国の岐路《きろ》だったところではあると思います。

ともかく、中国は経済だけは非常に発展しているようですが、国内的には情報統制がずっと続いています。

例えば、劉暁波氏の問題が報道されているときにも、習近平氏をアメリカで流《は》

行《や》っている「くまのプーさん」にたとえたカリカチュア（風刺画《ふうしが》）がインターネット上に掲載《けいさい》されると、あっという間に消されてしまうようなことが起きたので、「いや、すごい国だなあ」と、こちらも驚《おどろ》きました。

また、韓国でも朴槿恵《パククネ》大統領のときに、〝●大統領侮辱《ぶじょく》罪〟で産経新聞の支局長が捕まった事件が有名になりましたが、「こちらもすごい」と思います。

そのように、インターネット上の情報や外国のテレビ放送まですべて消してくる国もあるわけです。

例えば、以前にも述べましたが、私が二〇一一年に香港へ巡錫説法《じゅんしゃくせっぽう》に行ったとき、夜、ホテルで幸福の科学製作のアニメ映画である「永遠の法」（製作総指揮・大川隆法。二〇〇六年公開）がテレビ放送されている最中に、霊界《れいかい》のシーンになったら突如《とつじょ》ブラックアウトして、まったく何も映らなくなったのです。「こういうことができるのか」という恐ろしさを感じました。

●**〝大統領侮辱罪〟** 2014年10月、ソウル中央地検は、産経新聞の前ソウル支局長を、「情報通信網利用促進および情報保護などに関する法律」70条2項の名誉毀損罪で在宅起訴した。

香港で、テレビで放送されていた幸福の科学のアニメが途中《とちゅう》で真っ暗になってしまったのです。「霊界というのは、マルクス・レーニン主義の『宗教はアヘンだ』という考えや唯物論《ゆいぶつろん》思想から見れば間違っている」ということで、放送させないわけです。

これは、そうした映像が消えても、抗議も反乱も何もできない状況《じょうきょう》だということでしょう。このあたりについては、よく知っておいたほうがよいと思います。

それにもかかわらず、今、中国は大きくなっており、日本には中国から〝爆買《ばくが》い〟をする人たちが来て、観光業が流行《はや》っています。また、デパートなどでも、中国語の放送がかかったり、中国語を話せる店員を置いたりしていますし、中国マネーを当てにするのは、銀座《ぎんざ》や新宿《しんじゅく》あたりでも流行ってはいます。

そのため、「中国は、もう自由主義圏に入ったのだ」と誤解している人もいるかもしれませんが、この本質については、まだまだ予断を許さないでしょう。実は、「北朝鮮問題《きたちょうせん》」も、この中国自体の体質とかかわっているのではないかと思うのです。

現在、「言論戦・思想戦」として、日本とアメリカの「日米同盟」側が新しい勢力に押《お》されて、ワン・オブ・ゼム（one of them）というか、世界の権力の一つに小さくなっていくのか。それとも、「中国・北朝鮮」系のほうが、西側寄りの改革を進めて、共通の土壌《どじょう》で話し合いができるようになるのか。あるいは、「政治的には意見を異《こと》にしながら、経済だけ利益が出ればいい」という状況が続いていくのか。

このあたりが、「未来の分かれ道」になっているのではないかと思っています。

革命の旗手・劉暁波氏を招霊《しょうれい》し、〝復活〟のメッセージを聞く

大川隆法　さて、劉暁波さんがどのように言うかは分からないし、中国の内部の

事情も分からないので、訊《き》いてみたいと思います。

彼がなぜ霊言で日本語をしゃべれるのかは、もしかしたら、あとで分かるかもしれませんが、一般的《いっぱん》に、天国に還《かえ》った光の天使たちは、日本語でも話ができることが多いのです。また、なぜかは分かりませんが、「国際的な悪魔になると、日本語が話せる」ということも、過去の経験から分かっています。

このあたりの理由はよくは分からないのですが、念力《ねんりき》が強いのでしょうか。普《ふ》通《つう》の天上界《てんじょうかい》の霊《れい》や地獄霊の場合、外国人だと日本語を話せないことがほとんどなのですが、天国でも地獄でも、〝伝道したい〟という気持ちを持っている人たちは、念力を使って、そうした気持ちを伝えることができるのかもしれません。

劉暁波さんは、中国政府にとっては〝悪魔〟に当たる人でしょうが、西側から見れば「革命の旗手」だった人です。今日は、この人が亡《な》くなって八日目でしょうか。初七日《しょなのか》が過ぎたところですが、もちろん、唯物論の国では、このような人が〝復活〟することは、あってはならないことです。ただ、そうであるからこそ、〝復活〟する意味があるのだと思います。

そこで、中国政府について、言いたいことがあれば言っていただきたいし、あるいは、中国人民に対してメッセージがあれば、述べていただきたいと思っています。それは実は、生前言いたかったことだろうと思うのです。

しかし、それを取り上げて外に報道することもできず、外国に出ることもできなかった人の言葉なので、「その民主化運動をどう見るか」、あるいは、「これからの国際情勢における正義とは何か」ということにもかかわってくるのではないかと思います。

今、中国は大きくなり、軍備拡張をして、アジア圏からアラビア半島、ヨーロッパにまで触手《しょくしゅ》を伸《の》ばそうとしています。アメリカのほうの覇権《はけん》を退《しりぞ》けて、中国の覇権をつくろうとしているところです。

これが、相対的な力関係による、単なる国力の変化なのか、あるいは、「地球的正義」という観点から見て問題があるのか、このあたりをもう少し知りたいところですが、今日は、何らかの情報が得られるのではないかと思います。

では、行ってみましょう。

（合掌《がっしょう》し、瞑目《めいもく》する）

先ごろ中国で亡《な》くなられました、ノーベル平和賞受賞者・劉暁波さんの霊よ。どうか幸福の科学にご降臨《こうりん》たまいて、われらに、その心の内を明かしたまえ。ノーベル平和賞受賞者・劉暁波さんよ。どうか幸福の科学に降りたまいて、その心の内を明かし、中国国家や中国人民に対し、あるいは、他の国々や日本に対し、言うべき意見があれば、お述べいただきたいと思います。

どうか、よろしくお願い申し上げます。

（約十五秒間の沈黙《ちんもく》）

劉暁波（1955 ～ 2017）
北京師範大学で教職を務めるかたわら、1988 年から、ノルウェーのオスロ大学や、アメリカのハワイ大学、コロンビア大学などで客員研究員として教壇に立つ。89 年、中国で民主化運動が活発化すると即座に帰国。天安門事件では、人民解放軍が広場に突入したことを知ると、学生たちが撤退できるように自ら軍と交渉し、被害の拡大を防いだ。その後も、民主化を訴え続け、北京五輪が開催された 2008 年には、憲法改正や三権分立、言論の自由などを掲げた「零八憲章」を発表。これが「国家政権転覆扇動罪」に当たるとされ、懲役 11 年の実刑判決を受ける。
一方、国際社会では、劉氏の民主化運動の功績を称える声が高まり、2010 年にはノーベル平和賞を受賞。しかし、中国国内では、受賞決定を報道するＣＮＮやＮＨＫのニュースが遮断され、インターネット上でも検索が遮断された。17 年 7 月 13 日、服役中のまま、肝臓ガンのため死去。

2009 年の裁判審理における陳述書「私には敵はいない ― 私の最後の陳述 ― 」には、祖国中国の民主化への思いが語られている。以下抜粋。
「私は個人的な境遇を超越し、国家の発展と社会の変化を見据えて、最大の善意をもって政権からの敵意に向き合い、愛で憎しみを溶かしたい」

3　復活の劉暁波——自由への熱い思い

「世界の五分の一もの人口がある中国に、事実上、人権がない」

劉暁波　（体を左右に揺《ゆ》らし、右手をあごに添《そ》えて）うん、うーん。

酒井　劉暁波さんでいらっしゃいますか。

劉暁波　うん？　うん。

酒井　劉暁波さんでいらっしゃいますか。

劉暁波　ああ。

酒井　本日は、ありがとうございます。

劉暁波　うん。

酒井　日本語を話されるとお聞きしていますけれども。

劉暁波　うん、分かります。

酒井　はい。今、大川隆法総裁のほうからもお話がありましたが、一九八九年、ちょうど「ベルリンの壁崩壊《かべほうかい》」の年に、「天安門事件《てんあんもん》」が起きました。「そこで中国が民主化されるかどうか」が、実は、歴史の大きなターニングポイントだったと思いますが、劉暁波さんは、そうしたターニングポイントにおいて、キーマンとして存在された方であると思います。

また、その意味では、現在の混沌《こんとん》とした世界情勢を打開するための鍵《かぎ》を握《にぎ》っているお一人でもあろうと私は思っています。

劉暁波　うーん。うん。

酒井　今回、お亡《な》くなりになったわけですが、この二〇一七年の今（七月）という時期は、中国共産党の党大会を秋に控《ひか》え、二期目の習近平《しゅうきんぺい》政権が始まろうとしている直前でもあります。

劉暁波　うん、うん。

酒井　この段階で、この地上から去られてしまったのですが、まず、今、率直《そっちょく》にお述べになりたいことは何でしょうか。

劉暁波　うーん。十三億以上もの人口がある中国、世界の五分の一の人口もある中国がねえ、「これほどまでに人間を抑圧《よくあつ》している。事実上、人権がない状態である」ということに対して……。特に、「政治的自由」、「言論の自由」、「思想の自由」、「信教の自由」等がない状態で。

まあ、〝かたち上〟、(自由が)あるようなことも少しは言ってはいるんだけど。・・・・かたちだけね。「一党独裁」なんだけど、いろんな政党が存在できるように、かたち上は言ってるんだよ。小さい政党はかたちだけあるけど、そんなのは子供騙《だま》しさ。完全に一党独裁を貫《つらぬ》いている。だから、「激しい権力闘争《とうそう》」と「粛清《しゅくせい》」が続いている。

だからねえ、私は、「もし神様が存在するなら、日本の二十数倍の国土を持ち、十倍の人口を持っている国が、このままであってはいけない」と思うんだよ。

例えば、さっき言ってた東ベルリンと西ベルリンとで、どうしてこれほど違《ちが》っちゃったのかという戦後の反省から……。まあ、まったく違ってたじゃないか。それで、壁が崩《くず》れて不幸になった人なんか、誰《だれ》もいやしない。

それから、若い人は知らないかもしれないけれども、同時に、旧ソ連の衛星国ということでね、東欧《とうおう》に共産主義国がたくさんあったのが、みんな解放されていったんだよなあ。

いちばん肝心《かんじん》なのは「民主主義は、人間そのものが目的だということ」

劉暁波　もちろん、国家が崩壊することは、権力者にとってはつらいことだろう。しかしな、「その権力者、一人の権力者が自由にやれるかどうか」と「国民が自由で幸福であるか」とは、もう比較《ひかく》すべきもないことなんだよなあ。

だから、中国革命には間違いがあるんだよ。「共産主義体制をつくること自体が目的」であってね、その結果、人民が幸福になるかどうかは考えていない。それに、「最終的に幸福が来れば、その過程はどうでもいい」っていうことであれば、「弾圧《だんあつ》も粛清も、いくらでも可能」っていうことだからなあ。

そういう意味で、ここがいちばん肝心《かんじん》なところだけどな、アメリカで勉強した者には、いちばん肝心なことだけど。民主主義っていうのは、リンカンなんかもそう思ってたと思うが、「人間そのものが目的」っていうか、人間が自己実現し、自由に政治的意見を言うことができ、経済活動ができ、差別されることなく、いろんなものに挑戦《ちょうせん》していけるような世界をつくること自体が目的なんだよ。

最終的に、「自由な社会が出来上がることが目的」なんであって、「自由な社会をつくるために、自由を束縛《そくばく》して弾圧をかける」っていうのは、やっぱり、もともとのマルクスからの革命思想に間違いがあったんだと思うんだよ。これ、何とかして正したいと思うんだけどどな。

アメリカに留学してる中国人も数多くいるんだけど、ほとんど経済活動で、金《かね》儲《もう》けの勉強だけしてきて、やっとるんだからなあ。政治に関しては、みんな、一党独裁体制の「長いものに巻かれろ」型で、何もできない。やったら、活動したら、みんな、私と同じようになるからさ。だから、この「洗脳」はすごいよ。まあ、宗教も「魔女狩《まじょが》り」をやり始めたら似たようなものなのかもしらんけどもね。

劉暁波氏が「霊言《れいげん》」で日本から反撃《はんげき》の狼煙《のろし》を上げることの意味

劉暁波　いやあ、これ、誰かがやらなきゃいけない。私がやりたかったんだけど、刑務所《けいむしょ》に入れられたらできない（苦笑）。「安政《あんせい》の大獄《たいごく》」みたいなもんで、革命家を全部捕《つか》まえて放り込《こ》めば何もできなくなるから、まず、革命家の「言論と活動の自由」を奪《うば》っちゃうよな。

だから、長生きして、幸福の科学の大川隆法さんなんかとも合流して、中国を自由で民主主義の国家に変えるような思想を広めて、やりたかったなあ。残念……。

酒井　ということは、もともと、そういう目的のために同時代に生まれてこられたということですか。

劉暁波　まあ、あの「人の数」から見ればねえ、もう、いくら出しても殺されるだろうと思われてはいただろう（苦笑）。私たちの同志だって、無名のうちに刑《けい》場《じょう》の露《つゆ》と消えた者はたくさんいるし、今も弾圧されている者、牢《ろう》につながれている者も大勢いるわなあ。

でも、これ（本霊言《れいげん》）、今日は、君たち、ありがとうなあ。どこまで中国に伝わるかは知らないけれども、「やつらが葬式《そうしき》を拒《こば》み、初七日《しょなのか》を拒み、骨さえ遺《のこ》したくなかった、散骨して消し去りたかった劉暁波が、死んで霊言を言う」っていうことは、〝キリストの復活〟にも相当することであるんでな。中国は、まだ公然と、「宗教はアヘン」と見なしている国家であるんでなあ。

だから、私が日本の地から〝反撃《はんげき》の狼煙《のろし》〟を上げること自体が、宗教的にも政治的にも、ある種の革命運動に匹敵《ひってき》するんじゃないかな。残された同志たちを、多少なりとも勇気づけ、あとに続く人たちを、できるだけ救いたいなあ。

4　人権がない国での「死の真相」を聞く

「暴力と権力が完全に合体《がったい》している体制は、止められない」

酒井　私が疑問に思いますのは、天安門《てんあんもん》事件のときに、そうとう多数の方が亡《な》くなられていると思うんですよね。

劉暁波　うーん。

酒井　ですから、実際に、「身内を殺された」という方がたくさんいると思うんですが、そういう方々も沈黙《ちんもく》してしまっていますし、実際に民主化運動にかかわった方々も沈黙されています。

これは、いったい、どうしてなんでしょうか。それだけのことをされても黙《だま》っているというのは。

劉暁波　うーん……、まあ、軍隊には勝てないんだよ、やっぱり。何と言ってもなあ。

だから、政府と軍隊が一体になっている統治機構においてだね、そういう、「言論の自由が保障されない。思想・信条の自由が保障されない。表現の自由が保障されない。あっという間に検挙に来る体制」っていうのは、「ペンは剣《けん》よりも強し」と口では言っても、それは敵《かな》わんしな。それで、アメリカに行ってそれを書いたところで、（中国では）「裏切り者」と言って信用されないしね。

日本なんかでは、必ずしも、政府がそうした暴力機構を言論人にぶつけることはできないんだろうとは思うが。まあ、多少は、誘導《ゆうどう》したり、警察や検察を使ったり、あるいは、税務署を使ったりして、政府を批判する言論人を牽制《けんせい》するぐらいのことは、たぶんやっているだろうとは思うけれども。それでも、公然と首相批判を、雑誌にも新聞にもできるし、テレビでもできるんだなあ。

だから、（中国の）実際の権力者の側は、「なんで、そういうことを許すことが善なのか」が分からないわけよ。権力者にとっては、自分らの思うことを実現できるほうが正しいことだからさあ。

例えば、橋を一本架《か》けようとしても、途中《とちゅう》でいろいろ議論ばっかりされたら架かりゃしないわな。権力者が「橋を架ける」と決めたら、ちゃんと架かる、と。「ダムをつくる」と言ったら、三峡《さんきょう》ダムでも何でもつくっちゃう。反対は、たくさんあるよな。そういう、いわゆる民主主義的議論に乗せりゃなあ。だけど、「そんな甘《あま》いことをやってたら、発展が遅《おそ》くなって、目的が達成されない。国家目的優先だ。国家あっての人民だ」と。基本的に、そういうことなんだ。（中国の権力者にとっては）「国家あっての人民」なんだよ。

だから、日本も、あなたがたの考えはいろいろあろうけれども、先の戦争を全部、肯定《こうてい》するわけにはいかんとは思っておるが、〝特高《とっこう》（特別高等警察）〟っていうのがあってさ、そういう反対運動をやってるやつらを次々と検挙したり、持ってる本を見て捕《つか》まえたりしていたような時代がもし長く続いたら、それは暗い時代だろうよ。さらに、それも、「分からないうちに殺していく」というようなことであればね、もう、体制を止めるものは何もないわなあ。

だから、暴力と権力が完全に合体《がったい》してる状態。一般《いっぱん》国民が持ってるのは、そりゃあ、包丁《ほうちょう》とか鋤《すき》や鍬《くわ》や、そのくらいはあるけどさ（苦笑）。刀ぐらいは手に入れることはできるけど、それは軍隊には勝てないわなあ。

あんな大広場（天安門広場）で、外国のメディアもいるようなところで、戦車で轢《ひ》き殺すようなことを平気でやるような国家だったとは、私たちだって、ちょっとショックだよな。それで、その真実を暴《あば》こうとしたら「刑務所《けいむしょ》行き」で、全部、口を黙らす。それが怖《こわ》かったら、もうみんな沈黙する。あるいは、国外にうまく脱出《だっしゅつ》するしか方法はないわなあ。

続投に向けて老獪《ろうかい》に立ち回っている習近平《しゅうきんぺい》国家主席

酒井 「劉暁波さんが亡くなられた」というのも急なことで、（末期の肝臓《かんぞう》ガンと）発表されたあと、海外にも行かせてもらえず、すぐにお亡くなりになってしまったといったかたちでした。

実は、二〇一七年は、ちょうど「共産党大会の年」で、こういう年には、必ずそうとうな粛清《しゅくせい》が起きています。現に、重慶市《じゅうけいし》で、習近平《しゅうきんぺい》の次の総書記候補と思われていた人（孫政才《そんせいさい》氏）も〝粛清〟されています。

●共産党大会　五年に一度開催される中国共産党の会議のこと。重大問題の討論と決議、党規約の見直し、中央委員会の委員などを選ぶ。中国共産党第19回全国代表大会は、2017年秋に北京での開催が予定されている。

劉暁波　うん、うん。そうだ。

酒井　今回の劉暁波氏の死は、「自然死」と考えてよいのでしょうか。

劉暁波　いやあ、それはねえ、捕まって、向こうの息がかかった病院で治療《ちりょう》を受けているので（苦笑）、〝薬〟が投与《とうよ》されてるんだか、〝毒薬〟が投与されてるんだか、患者《かんじゃ》のほうには分からないからね。「病死」ってことにすれば、それで終わりだからさ。実際上の処刑にしたら海外がうるせえから、病院で死んでくれれば逃《のが》れられるしなあ。

おっしゃるとおり、今年は、習近平が今までの仕事を総括《そうかつ》される年ではあったんで、私だけでなくて、私たち民主活動家も押《お》さえなきゃいけないけれども。

あと、経済問題だな。まあ、中国には、「統計」なるものが実際上、存在しなくて、〝自家製の統計〟、〝手製の統計〟しかないから、おそらくだけど、「経済的にはかなりのバブルが発生していて、虚構《きょこう》であるらしい」っていうことは分かっている。

だけど、そういうことを暴かれると、習近平の続投が難しくなるんで、そちらのほうの隠蔽《いんぺい》もそうとうやったし、香港《ホンコン》の反政府運動みたいなのも押さえ込《こ》まなきゃいけないし、台湾《たいわん》が独立の傾向《けいこう》を見せているので、これに対する牽制もしなきゃいけない。

ただ、「台湾の独立を牽制しつつ、北朝鮮《きたちょうせん》を切り離《はな》して西欧《せいおう》側に〝売り渡《わた》す〟」っていうようなこと

劉暁波氏の死を悼《いた》み、香港で行われた行進（2017年7月15日）。

ができるかっていったら、これまた難しいことであるからなあ。

だから、今、習近平は、すっごい老猾《ろうかい》に立ち回ってる。すっごい老猾。何重もの、〝何重底〟だね。

5　異形《いぎょう》の国家ができた歴史的背景

中華《ちゅうか》思想で、「中国の法律が世界を裁く」と思っている

酒井　先般《せんぱん》、清水幾太郎《しみずいくたろう》先生の霊《れい》が来られ、中国に対して、「中国の実態をはっきりと暴《あば》かなければいけない。カメラをどんどん入れて、人の意見を自由に言わせる。そういうことをしなければいけない」とおっしゃっていました（『戦後保守言論界のリーダー　清水幾太郎の新霊言《れいげん》』〔幸福の科学出版刊〕参照）。

そこで、今日、この場でお話しいただきたいのは、「今、劉暁波さんから見て、何を明かしていくべきな

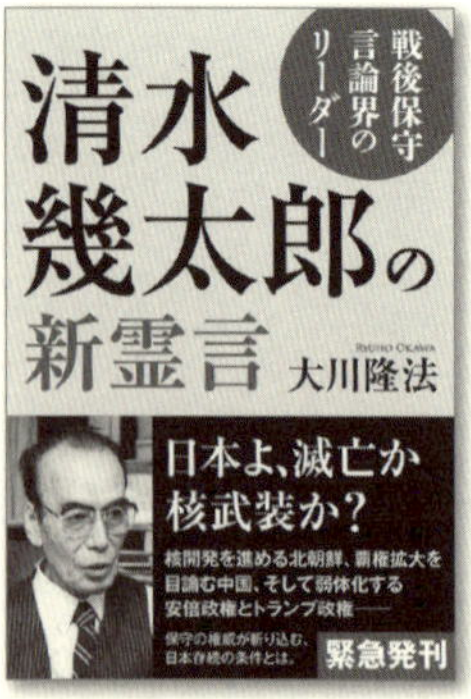

『戦後保守言論界のリーダー　清水幾太郎の新霊言』（幸福の科学出版刊）

のか」ということです。そのポイントについてお聞かせください。

劉暁波　うーん。まあ、過去、外国にいろいろと侵略《しんりゃく》されて、部分的にも切り取られて植民地化されてきた歴史が百年以上あるからね。そうした百年からの歴史があったから、その意味での排外《はいがい》主義と、国としての独立運動が起きてきたこと自体は否定できないところはあるんだけどねえ。「外国を信頼《しんらい》しちゃいけない」っていう、強い不信感があることは事実ではあるんだけども。

要するに、「中国には、国際法なんていうものはない」んだよ。〝国内法が国際法〟なんだよ。これは、昔の中華《ちゅうか》思想と一体化してるんだ。彼らにとっては、中国が「世界の中心」なんだよ。だから、世界が中国化すればいいのであって、「中国の法律が世界を裁く」っていうことだ。

そういう意味では、イスラム法なんかも、ちょっと似てるかもしらんけどなあ。

イスラム教徒にとっては、西洋の法制度なんか、どうでもいいところはあるんだろうけど。

まあ、今、地球上にある、そういう一つの磁場《じば》であることは確かだわなあ。

中国にとって、日本は「脅威《きょうい》」であり「反射する鏡」でもあった

劉暁波　そしてここに、日本っていう、〝ちっちゃい国〟でありながら強国が存在してるっていうことが、中国にとっては「脅威《きょうい》」でもあったし、同時にまた、「反射する鏡」のようなものでもあったからさ、自分たちを。何とかして、日本に追いつき、追い越《こ》さなきゃいけないからね。

アヘン戦争は、一八四〇年から四二年かな。アヘン戦争以来、欧米《おうべい》列強に、租《そ》借地《しゃくち》と称《しょう》して、いろいろと部分的に切り取られていったけど、日本という国には、国を丸ごと占領《せんりょう》される寸前まで行ってるんで。（日本は）恐《おそ》ろしく強大な力を持

った国で、ロシアも負かした。中国とは戦争にならなかったから、「日清戦争《にっしんせんそう》」なんていうのは。

で、清朝は滅《ほろ》びた。戦争に負けると王朝が滅びるからねえ。まあ、その後、紆《う》余曲折《よきょくせつ》いろいろあったんだけど。

だから、日清戦争で敗れて……。まあ、支那《しな》事変以降の「日中戦争」と、「太平洋戦争」っていう、アメリカも含《ふく》んだ第二次大戦を〝一体化〟すれば、中国が戦勝国であるようなことも言うてはいるけれども、実際上は違《ちが》うわなあ。日本軍に負けてた。

まあ、蔣介石《しょうかいせき》率いる国民党軍は台湾《たいわん》まで逃《に》げた。要するに、「中国」は台湾だけになってたんで（笑）、あとはもう中国じゃなくなって。

一方、毛沢東《もうたくとう》ら（中国共産党）は、「三国志」の劉備玄徳《りゅうびげんとく》の顰《ひそ》みに倣《なら》って、とにかく奥《おく》へ奥へ、中国西部に逃げて、日本軍が兵線が伸《の》びすぎて攻《せ》めて来られないところ、山岳地帯《さんがく》にまで逃げて、洞窟《どうくつ》生活を転々としながらやっていた。毛沢東らが一部、潜《ひそ》んでいて。

それが、日本が敗戦することによって、急遽《きゅうきょ》、蔣介石軍に勝ってだねえ、全部、共産党になって……。

だから、国連の常任理事国に、ほんとは中華民国、まあ、台湾が入ってたのを、「国が大きいから」っていうことで、中国共産党（中華人民共和国）のほうが入った。

中国が地上戦で力を見せた朝鮮《ちょうせん》戦争・ベトナム戦争

劉暁波　だけど、そのころ同時に、「反共運動」っていうのが、まあ、アメリカでも〝マッカーシズム〟なんかが吹《ふ》き荒《あ》れて警戒《けいかい》されるようになって、戦争の終わりごろにつくった世界秩序《ちつじょ》は、構想数年で、実際上破れた。

●**国連の常任理事国に……**　1945年、アメリカ、イギリス、ソ連邦、中華民国などが中心となった国際連合が発足したが、戦後、中国共産党との内戦に敗れた中華民国政府は、台湾に撤退し、政権を維持。1949年、毛沢東が中華人民共和国の成立を宣言した。その後、中華民国に代わり、中華人民共和国が常任理事国と見なされた。

朝鮮《ちょうせん》戦争で、中国陸軍と、アメリカ・韓国《かんこく》の陸軍、地上軍が激突《げきとつ》して、中国のほうがけっこう強いということが分かった。

これで三十八度線の休戦がなきゃ、おそらく、ベトナム戦争もなかっただろう。ベトナム戦争っていうのは、まあ、知らない人もいるかもしれないけども、ジョンソン大統領時代に遂行《すいこう》されたもんだけれども。「ドミノ理論」っていうのがあったよねえ。要するに、「北ベトナムの共産党を放置すれば、南まで共産主義になって、次々と各国に転移していく」っていう。まあ、〝ガン細胞《さいぼう》〟みたいな言い方だな。

これを防ぐためには、「アメリカが南ベトナムを支援《しえん》して、食い止めなきゃいかん」っていうことで。まあ、ホーチミンら（北ベトナム）の勝利だったけど……。これは、実際上、中国が南下して、軍事物資も、戦闘《せんとう》要員も、武器も供給していたので。

●マッカーシズム　1950年代に、アメリカ上院議員であるジョセフ・マッカーシーを中心に行われた反共産主義運動。赤狩り。共産主義者と疑われた政治家や文化人が攻撃された。

だから、第二次大戦では、中国は、アメリカに助けられて独立できたことになってるけれども、数年後には、そのアメリカと戦い始めたということで。あのマッカーサーが朝鮮戦争の指揮を執《と》ってたけど、彼でさえ、中国を友軍だと思っていたから。「（第二次大戦のときに）助けてやって、友人だから、まさか中国が本気でやるわけがない」と思ってたし、（北朝鮮側に）中国軍がいることは分かっていても、「それは少数にしかすぎないだろう。主としてソ連がやってるんだ」と思っておったんだけど。

実際は、中国軍が南下して、両者、まあ、南も北も百万……、まあ、南はおそらく百万ちょっと足らずぐらいかな。それくらいは死んでるし、中国軍と北朝鮮軍のほうは、たぶん、百五十万も二百万も死んでるとは思うけど。第二次大戦のときの日本の戦争に匹敵《ひってき》するぐらいの、大きなものになっちゃったわけだなあ。

こんなことがあって、中国は自信をつけてきて、まあ、〝飛び道具〟を使った空中戦や、艦船《かんせん》を使った戦いでは勝てなくても、陸上の地上戦ではアメリカに負けない自信があるわけよね。

今、北朝鮮問題なんかでも、〝飛び道具〟としてのミサイルだけの戦争で終われば済むが、もし、地上戦になれば、アメリカ人がいったい何人死ぬか分からないからねえ。だからこそ、「中国の鼻息を窺《うかが》っている」っていうようなことだろう。まあ、そういうことがある。

6　中国人の立場から見た、驚《おどろ》きの国家の内情・世界観

「取れるだけ取れ」「何も与《あた》えるな」が中国人の考え方

劉暁波　ああ、いや、何の話をしてたのか、私、分からなくなった。何の話だった？

酒井　中国の実態を明らかにして民主化させるためのポイントについて、お伺《うかが》いしておりました。

劉暁波　ああ、そうか。中国を民主化させるための……。うーん……。

だから、「自分らが、軍事拡張して、諸外国を脅《おど》してる」という意識があんまりないのよ、彼らにとっては。本当に、自国中心主義だから、自分の国にとってプラスになることなら何でも構わないわけよ。軍隊をつくろうが、外国の島を占《せん》領《りょう》しようが、海中に基地をつくろうが、日本の島を取ろうが、そんなことは中国人にとっていっこうに不幸でないので。「もらえるものは取ってしまう」っていう考えなんだから。

君らが考えるような、「国際法なんかに基《もと》づく反省」とか、「侵略《しんりゃく》」とかいう考えは、中国人にはないんだよ、はっきり言って。

君らの教えの反対で、「取れるだけ取れ。もらうだけもらえ」、それから、「何にもやるな（与《あた》えるな）」、「かつていっぱい取られた。侵略され、取られた。今、取れるだけ取れ」と、そういう考えなんだよ。

「民主化」っていっても、民衆がこれを「欲望」として支持しているっていうんなら、それは民主化に入ってるの。飢《う》えた民衆たちを、外国に襲《おそ》いかからせるということだろう? まあ、かつての日本もやったんかもしらんけどなあ。要するに、「民主主義」ったって、〝意味不明〟なんだよ、まったくな。

「私腹を肥《こ》やす共産党員」と恐《おそ》るべき格差が存在する

大川直樹　今のお話をお伺いしていますと、中国国民も、そのように考えていると思ってよろしいのでしょうか。

劉暁波　餌《えさ》では釣《つ》られたよな。金持ちになった人がいっぱい出てるからな。そういう話を聞いて、「自分もなれるかもしらん」っていう、餌で〝釣られて〟るしな。実際、日本に買い物に来て、豪華《ごうか》なものを買って帰る人もいるし。日本だけじゃない、今、オーストラリアに行こうがねえ、シンガポールに行こうが、アメリカに行こうが、カナダに行こうが、ヨーロッパに行こうが、中国人だらけですよ。成金《なりきん》だね。〝にわか成金〟の中国人が買い漁《あさ》ってるわ、ずーっとね。

でも、全体的に見りゃあ、金持ちになったっていうか、裕福《ゆうふく》化したのは二割程度かな。一部成功したところがあるが、それを意図的に見せようとしてるところはあるかなあ。

だけど、一方では、何て言うか、「政府の方針が完全に正しいんだ。完全無欠だ」ということで、それに反対するものを一切《いっさい》、拒絶《きょぜつ》するわけね。

「政府の方針が、計画どおりに遂行《すいこう》されることが発展であり、成功であるのだ。国家の成功は国民の成功なんだ」ということで、これがイコールになっとるわけなんだよな。要するに、「国家の成功や国家の発展、あるいは、国家の安泰《あんたい》なくして、国民の幸福などありえない」っていう、国家主義的考え方だなあ、一時代《ひと》前のな。これが今の中国で。〝おこぼれ〟として、一部、「中国共産党に忠誠を尽《つ》くしている者」と、「共産党員で、私腹を肥《こ》やした者たち」が、海外で豪勢な〝大名旅行《だいみょう》〟ができているということかな。

大川直樹　その考え方は、劉暁波さんが命を賭《と》して訴《うった》えたかった、「人権」や「自由」を尊重するものではない気がします。

そこで、劉暁波さんが考える、「中国の理想的な国家ビジョン」といいますか、「本来、中国は、こうしていくべきなのだ」というようなお考え等をお聞かせください。

劉暁波　うーん。まあ、国が大きいんで、難しいんだけどねえ。田舎《いなか》のほうっていうか、山奥《やまおく》のほうじゃ、いまだに、穴居《けっきょ》時代っていうか、洞窟《どうくつ》生活をしてるような感じのもあるし、農村にもきつい状態はけっこうあるし、子供の口減《くちべ》らしもあるしね。インドやタイじゃないけども、中国だって、子供の臓器を売るようなところもあるしね。まあ、国の全体の状態は、北京《ペキン》も、おそらくつかんでない状態だろうね。

オリンピックをやったり、万博《ばんぱく》をやったりして、北京だ上海《シャンハイ》だって、外国から見えるところは、表向き、なるべく〝近代化〟して見せてるけど、全部については及《およ》んではいないわなあ。

中国が多党制を恐《おそ》れる理由とは

劉暁波　やっぱりねえ、君らは分からないんかもしらんが、まあ、日本みたいな国を見てもだなあ、「マスコミに踊《おど》らされて、選挙して、勝ったり負けたりして、政権が替《か》わる。アメリカも政権が替わる」、こういうのが非常に不安定で、怖《こわ》いわけよ。中国で、二大政党制みたいなので交代が起きたら、勝ったほうは負けたほうを粛清《しゅくせい》する可能性があるから、怖いのよ、とってもね。殺される恐《おそ》れがあるから。

だから、一党独裁といっても、自分らが安全なように、ある意味での護送船団方式を取ってるわけで。共産党のなかでやってるほうが、まだ殺されるのが少ないと見てるわけね。「二大政党とか、多党制でやったら、どこまでやられるか分からない」と思ってるんだなあ。

この考え方は、そう簡単ではない。例えば、ヒットラーが生きてた時代に、「ヒットラーのライバルを二、三人つくって競争させるのがいい」って言ってるようなもんだよ。そんなの、通じるわけがないじゃない（笑）。名前が出た瞬間《しゅんかん》に、暗殺部隊が急行するわな。「誰《だれ》それが、『ヒットラーと競争したい』『総統の権力を奪《うば》いたい』と思っている」っていう情報が入ったときには、もうすでに、特別警察が行って、殺しに入っとるだろうねえ。

中国にも、そんなところはあるわなあ。

7　次の革命の波は？　習近平《しゅうきんぺい》の今後の動きは？

「豊かな階層が人口の半分を超《こ》えたら、革命が起きるかもしれない」

酒井　そうした中国ではありますが、劉暁波さんは、これから先の中国について、中国の未来について、今、どういう読みを持たれていますか。

劉暁波　これは、社会生態学的なものかもしれないけれども、「中流以上の、中流・上流の豊かな階層」が人口の半分を超《こ》えたら、もしかすると、革命が起きるかもしれないなあ。

酒井　革命が起きる？

劉暁波　うん。人数的に見て、革命が起きるかもしれないなあっていう気はするんだけど、まだそこまでは行っていないので。うーん。やっぱり、全体的には農村が多いので、農村の人たちは貧しいわなあ。

「貧しい」っていうことは、教育の機会も少ないし、経済的に成長する事業を始める資金が手に入らないことを意味しているんでね。

経済的成功だけをやって、政治的には、旧《ふる》いままでやろうとしてるけれども、もしかすると、経済的成功が一定以上を超えたときに、ティッピングポイント（転換点《てんかんてん》）が現れて、革命がほんとに起きる可能性は捨て切れない。

その革命の主体はどこから？

酒井　革命の主体というか、母体になる方々は、どういう方なんでしょうか。

劉暁波　うーん……。これは、まあ、言えば、すぐに国家転覆《てんぷく》罪になるようなことになるから、難しいわなあ。

酒井　（苦笑）ああ、確かに。

劉暁波　だから、地下組織でやり続けて、あるとき姿を現したときには、殺されないぐらいの戦力を持っていなきゃいけないわなあ。

酒井　そうしますと、具体的に、劉暁波さんと魂《たましい》的につながっている方々というか、天上界《てんじょうかい》から地上に協力者として降りてこられた方々は、まだいらっしゃるということでいいんでしょうか。

劉暁波　いると思うよ。それは、かなりいると思うし。

酒井　はい。

劉暁波　実際は、アメリカ留学組、まあ、ヨーロッパ留学組もいると思うけれども、こういう人たちのなかに、一定の洗脳はかかってはいるよな。だけど、中華《ちゅうか》思想でもって、もう一回、〝逆洗脳〟をかけられて、それに従うかぎり、「国家のエリート」として扱《あつか》われるわけよ。

生《は》え抜《ぬ》きの共産党員で、ずっと上がるのが本当のエリートだけども。

「二番目のエリート」は、国内でも頭がある程度よくて、アメリカに留学して、アメリカの一流大学に行ったり、あるいは大学院でＭＢＡ（経営学修士）を取ったりして帰ってきて、共産党の要職に入ってる人たち。要するに、アメリカに行って、魂は売らなかった人たちだね。〝魂は売らず〟に、知識と技術だけ学んできて、それを国の発展、経済的発展を中心にしたものに使おうとする人たちだよ。ある意味で、〝猫《ねこ》を被《かぶ》っている人たち〟が、二番目ぐらいのエリートだな。

だから、今の首相（李克強《りこくきょう》氏）がいるでしょう？　あれなんかは、そういうふうなタイプの人間かと思うけど。最終的に、まだ信用し切れないタイプの人間ではあるわなあ。

〝皇帝《こうてい》〟になることを狙《ねら》っている習近平《しゅうきんぺい》

劉暁波　まあ、習近平《しゅうきんぺい》は、〝途中《とちゅう》から目覚めた〟ようなところがあってねえ。あそこまで行くとは思ってなかったんだけど、途中から急速に〝目覚めてきた〟ようなところがあって。

「中国一国を統治する」っていうことが目標だったのから、突如《とつじょ》、「アジア太平洋圏《けん》、およびアフリカや西南アジア、ヨーロッパまで支配したい欲望」に駆《か》られてきているから。あれは、何らかの霊的《れいてき》な指導が入ってるんではないかねえ。

酒井　習近平政権は、第二期が始まろうとしてるんですけど、もしかしたら、第三期まで狙《ねら》っているように見えます。「新たに十年」という……。

劉暁波　だから、〝皇帝《こうてい》〟を狙ってるんじゃないかなあ。ロシアのプーチンを見て。延々と大統領を続けようとする、あれを見て、〝同じような技《わざ》〟を使おうとしてるんじゃないかなあ。

酒井　最大のライバルと思われたトランプ大統領も、今は厳しい状況《じょうきょう》にあるんですけれども、アメリカの中国に対する影響力《えいきょうりょく》というものは、どのようであればいいと思われていますか。

劉暁波　アメリカはアメリカで、われわれを民主化しようとしてるが、〝民主主義の罠《わな》〟に陥《おちい》ってはいるよなあ。民主主義の罠として、情報をマスコミがつかみすぎているために、政府の弱点を攻《せ》めすぎるよな。そういうので攻められてるでしょう？　ロシアゲート事件みたいなので、今、攻められているんだろうし。なかなか、油断も隙《すき》もあったものではないよなあ。

中国だったら、ああいうマスコミは、みんな〝売国奴《ばいこくど》〟として処刑《しょけい》可能なので、非常に安定的な政権運営が可能だけど。中国から見りゃ、同情されている状況だろうなあ。

だから、なんでそれが善なのか、中国人には分からないんだよ。日本の首相も、もしかしたら、中国の政治家みたいになりたいんじゃないかなあ。「反対」のない世界で、自分のやりたいようにやりたいんじゃないかなあ。フンッ（笑）。

8　中国の経済・宗教、その驚《おどろ》くべき実態

「中国の経済成長が嘘《うそ》である」ということの本質とは

酒井　今、北朝鮮《きたちょうせん》問題で、中国が後押《あとお》ししておりますけれども、これに対して、どのように解決していけばいいのでしょうか。中国の内情を知っている劉暁波さんとしては、日本はどのように対処していけばいいと思いますか。

劉暁波　だからさあ、日本はずーっと、もう九〇年代から経済的には発展していないんでしょう？　中国は倍々ゲームで大きくなって、「世界第二位の経済大国」になって、「アメリカを抜《ぬ》く」と、そう言ってるわけだから。これに騙《だま》されてる

国民は多いし、外国も多いわなあ。

今、やっと、「中国が世界二位で、日本が三位っていうのは嘘《うそ》なんじゃないか」という声が挙《あ》がってきつつあるけど、まだ少数なんで。ただ、「本当は日本がまだ二位で、中国が三位なんじゃないか。統計の嘘なんじゃないか」っていう意見はある。

まあ、これはなあ、「国家目標」を出すとな、最終的に「それに合うように各地方が統計をつくって上げてくる」から。中央でそれを合わせれば、国家目標どおりに経済成長してることになっているので。これは第三者的な目が、まったく入っていないんでね。

昔、捕《つか》まって刑務所《けいむしょ》に入った人をいじめるのに、死刑でなくても、「一日中、単に穴を掘《ほ》らせて、次に穴を埋《う》めて、また掘らせて、また埋めてというのを繰《く》り返したら、だいたい一カ月もしたら発狂《はっきょう》する」って言われたようなことあるけど。

何かねえ、そんな〝虚《むな》しい経済統計〟を一生懸命《いっしょうけんめい》つくっているようにも見えるので。

私は、資料を集める力がないので分からないけれども、もしかしたら、中国の経済発展っていうのは、「国家の計画を立てれば、そうなった」ということになってるわけで。日本政府みたいに、「二パーセント成長を目指す」と言っといて、それが達成できないから先延ばしするみたいなことをやったら、中国では、あっという間に政治的危機が来るから。それは達成されたことに必ずなるんだよ。

だから、こういうものをどこまで信用していいかだよな。年七、八パーセントの成長を続けたなら、それは、あっという間に倍々になっていくわなあ、経済的にはなあ。

要するに、「やった、壊《こわ》した。やった、壊した。やった、壊した」って、さっきの刑務所の人みたいにやってるかもしれない。「工場をつくりました。これで経済が大きくなりました」「壊しました。壊す経済効果はあります」「またつくりました。大きくなりました」「また壊しました。小さくなりました」「それで経済行為《こうい》が起きます」って、もしかしたら、こんなようなことを繰り返してやってるかもしれないっていうことはあるわなあ。

酒井　逆に言えば、そこが中国の弱点であるということですよね。「対中国」において。

劉暁波　一言《ひとこと》で言えば、とにかく「独裁」ということなんだよ。

独裁は、反論は許さない。反論は許さないんでねえ。第三者機関とか、あるいは、競争者の存在は許さないし、そういう批評家、ジャーナリストみたいな者の自由は許さないっていうか。まあ、余計なことを言ったら、すぐ銃殺《じゅうさつ》。

中国には、実際上、権力同士での牽制《けんせい》が存在しない

酒井　先般《せんぱん》、清水幾太郎《しみずいくたろう》先生は、「中国のパラドックスを暴《あば》かなければいけない。共産主義のなかで、本当に資本主義的な発展がなされているのかどうかについては検証しないといけない」とおっしゃっていました（前掲《ぜんけい》『戦後保守言論界のリーダー　清水幾太郎の新霊言《れいげん》』参照）。

劉暁波　だからねえ、旧ソ連もそうだったとは思うんだけど、重工業みたいなのは、計画して生産すると、統計は出やすいところがあるんだよ。だけど、商業ベースのことは分かりにくいんだよね、非常に。

それぞれの店とか、いろんなところで帳簿《ちょうぼ》をつけていて、その帳簿が本当かどうかなんて分からないじゃないですか。帳簿がほんとかどうか調べる人が来たら、

その人に賄賂《わいろ》を、〃袖《そで》の下〃を渡《わた》して、見逃《みのが》してくれたら、それまでじゃないですか。昔からの中国はそうだから。だから、商業関係に関しては分からない。貿易関係についても、賄賂が横行しているので、どこまで本当かが実は分からない。分からないんですよ。

それで、政治的に、そういう統計の確認を取る人や、貿易の許認可権とかを持ってるような人、つまり、地方政治家も含《ふく》めて、政治家たちが賄賂を取って私腹を肥《こ》やすっていうことがあるわけよ。

日本ではありえないけれども、中国だったら、地方都市の市長さんのレベルが、四十億円ぐらい私腹を肥やすことができるわけよ。日本では、かなりこれは難しいんじゃないかなあ。税務署も入るだろうからね。

だけど、中国にとっては、税務署も市役所も市長も同じ権力なんで。つながってるから、仲間同士だからさ。「権力同士での牽制《けんせい》が存在しない」んだよ、実際上の。

上から命令があったときはやれますがね。「やつの不正を暴け」って。まあ、情報はいろいろ入ってくることはくるから。忠誠を誓《ちか》ってるうちはやらない。だけど、情報は持ってるから、忠誠が疑われる場合だね。

何か反乱分子、私らみたいな民主化運動家あたりと会ってるんじゃないか、とかな。あるいは、資金援助《えんじょ》してるんじゃないかみたいなことが出たときには、官憲が動いて、あっさりと逮捕《たいほ》、刑務所入りということは起きるわなあ。

中国の「地下宗教事情」

酒井　中国では、宗教によって革命が起きて、それで国が交代することが多かったと思うのですが、今、宗教が果たすべき役割についてお聞かせいただけますでしょうか。

劉暁波　いやあ、これについてはねえ、うーん……。

アヘン戦争以降、清朝《しんちょう》の時代、ヨーロッパから、キリスト教なんかを〝尖兵《せんぺい》〟にして占領《せんりょう》に来た歴史があるんで。あれは、「信教の自由」で布教《ふきょう》を許しておいたら、信者をいっぱいつくっていって、それが「政治権力」に転化してきて、外国に領土を取られたり、権益を取られたりするようなことがいっぱいあったんでね。

宗教がそういうふうに使われるっていうことは、経験則上あるんで、なかなかそう簡単には油断しない。

だから、表向き、〝看板がかかってる宗教〟に関しては、国家の監視《かんし》下に入る。宗教は全部、日本で言うオウム真理教扱《あつか》いです。表側の宗教も、五つぐらいはたぶんあると思うんだけど、全部、国家の監視下に置かれています。

「地下教会」っていうのが少しあって、〝地下宗教〟が幾《いく》つかありますけれども、これも全部、公安が入って調べられているので。もし、反乱運動を起こすようだったら、一網打尽《いちもうだじん》にする準備はできてる。まあ、安倍《あべ》首相もそれに学んで、「共謀《きょうぼう》罪」とか急いでおつくりになってるんじゃないかと思うけどねえ。

あと、白蓮教《びゃくれんきょう》みたいな感じの、淫祠邪教《いんしじゃきょう》みたいなのが流行《はや》った時代もあったんで。だから、攘夷《じょうい》運動なんかでも、愛国を掲《かか》げる宗教だからといっても、ちょっと信用し切れない。やっぱり、国民を騙したりして、国家の権力の一部に食い込《こ》んできて権益を吸い上げる。そういう邪教は、けっこう経験はしてるんだよなあ。

キリスト教っていったって、結局、ヨーロッパの帝国《ていこく》主義のお先棒《さきぼう》を担《かつ》ぐかもしれない。日本の宗教だって、ズバッと入ってきたら、いつ日本帝国主義の手先になるか分からない。そういう危機感は常に持っておるから。

●**白蓮教**　中国の民衆宗教の一つ。仏教の一派で、南宋の僧、茅子元《ぼうしげん》が創始者。当初から国家に異端邪教視されていた。清《しん》代には、白蓮教徒が反乱を起こした（白蓮教徒の乱）。

巨大《きょだい》な国家権力に立ち向かえるものは、宗教しかない

劉暁波　ただ、私は、宗教がないと、こうした巨大な国家権力に立ち向かえるものは、もうないんじゃないかとは思うんだけどね。

酒井　宗教しかない、と。

劉暁波　命を惜《お》しまずに正義を言えるのは、やっぱり宗教しかないでしょう。

歴史上、過去を見れば危険はあるんだけど、外国にある宗教組織も入ることによって、信者間での「情報交流」はあろうから、それで、今の国家の間違《まちが》ってるようなところとか、「こんなことをしてるのに、隠《かく》していた」っていうようなところが分かってくることはあるんじゃないかなあ。

幸福の科学さんの本も、そうとう中国には入ってきてるよ。そうとうの数、入ってきてるから、情報は流れてはきてるねえ、いろいろとね。だから、少し期待するものはあるけどなあ。

酒井　中国の覇権《はけん》主義を防ぐ防波堤《ぼうはてい》として、例えば、日本における宗教の役割にはどのようなものがあるでしょうか。

劉暁波　そういう、「日本の宗教」と、「日本の政治体制」との区別は、中国側からはほとんどつかないね。一緒《いっしょ》にやってるように見えるので、あんまり区別はつかないんじゃないかなあ。

9　この信念は死を超《こ》えて

劉暁波氏の志《こころざし》と原動力はどこから来るのか

磯野　少し違《ちが》った角度から質問させていただきます。

一九八九年の天安門《てんあんもん》事件からまもなく三十年を迎《むか》えようとしています。先ほどのお話では、国家が軍隊をもって人民を弾圧《だんあつ》する場合、人民は「ひれ伏《ふ》す」といいますか、「長いものに巻かれる」しかないというようにおっしゃっていたと思います。

ただ、劉暁波さんご自身は、この三十年近く、ご自身の自由を奪《うば》われながらも、民主化によって人々に自由を与《あた》え、幸福な社会をつくりたいという信念を貫《つらぬ》いて生きてこられたと思います。その信念を支えた原動力といいますか、どういったところから、そうした志《こころざし》が起きてきたのでしょうか。

劉暁波　まあ、アメリカに留学したのも大きかったからねえ。

政治的な思想は、あんまり学びすぎると危ないことが多いんだけれども、（アメリカは）やっぱり、ある程度「自由の国」であるし。「平等」という意味で、女性や黒人、外国からの移民だった人たちにも、平等にチャレンジの権利を与えようとする国ではあったから。その思想は、強烈《きょうれつ》なものとして入ってはいたねえ。

いやあ、「平等」についても、ちょっと考え方に違いがあるんじゃないかと思うなあ。今の習近平《しゅうきんぺい》も、ちょっとだけアメリカに行ったことがあるとは思うけど、農業の研修か何かで行っただけだから、政治思想については学んでないんだろうなあとは思うんだよな。

それから、文化大革命のときあたりは、たぶん、「下放《かほう》」という、「都市のエリート層を田舎《いなか》に送って、農村地帯で貧しい生活をさせる」みたいな、要するに、不満を言わせないために貧乏《びんぼう》生活をさせてみるっていうこと、窮乏《きゅうぼう》生活を経験させることで、国民を鍛《きた》えようと思っていたんではあろうけど、そういう下放生活は、彼も経験はあるだろうから。

まあ、いろんな面がちょっとずつは分かってる面はあるのかもしれないけど、いざ「権力の座」に就《つ》いてみると、やっぱり、権力を維持《いじ》すること自体が目標・目的になってくるんでね。

今、面白《おもしろ》くてしかたがないところがあるんじゃないかなあ。中国が巨大化《きょだい》していくのを、ヨーロッパとかが恐《おそ》れおののいたり、アメリカが怖《こわ》がってみたりしてるところとか、日本がもう、〝ウサギ〟みたいに固まってるところとかを見たら、すごく面白くてしょうがないんじゃないかなあ。うーん。

ノーベル平和賞授賞式での「私には敵はいない」という言葉の真意

磯野　もう一つ質問させていただきます。二〇一〇年にノーベル平和賞を受賞されたときに、劉暁波さんご自身は服役《ふくえき》中だったために、その授賞式には参加できませんでしたが、その授賞式のなかで、「私には敵はいない」というメッセージが代読《だいどく》されました。

劉暁波　うん。

磯野　そこでは、こういうふうにおっしゃっていました。「私の自由を奪った政権に言いたい。二十年前にハンスト宣言（六・二絶食宣言）で表明した『私には敵はいない。憎《にく》しみもない』という信念に変わりはない。私を監視《かんし》し、逮捕《たいほ》し、尋問《じんもん》してきた警察、起訴《きそ》した検察官、判決を下《くだ》した裁判官は、すべて私の敵ではない」と。

劉暁波　うん。

磯野　自分の自由を奪って、自分の人生を不幸に落とした相手、あるいは国や政権に対して、普通《ふつう》でしたら、憎しみや怒《いか》り、復讐《ふくしゅう》の思いとか、そうしたものが起きてきてもおかしくはないにもかかわらず、「私は憎んでいない。私には敵はいない」という、一点、大きな宗教的な許しの境地をお持ちだったのかなと思います。

そこで、劉暁波さんご自身は、宗教的な信条、あるいは、宗教とまでは行かなくても、何らかの精神的な価値というものをお持ちだったのでしょうか。

劉暁波　まあ、宗教的といえば宗教的だけど、プラグマティック（実用的）といえばプラグマティックでもあったかとは思うんだな。

アメリカのマーティン・ルーサー・キング・ジュニア牧師《ぼくし》なんかは、黒人の権利・待遇《たいぐう》の改善運動をやったけれども、暴力を戒《いまし》めていたよね。白人や白人警官に対して暴力でやった場合は、もっと激しい暴力が返ってきて自分たち自身の存続が危《あや》うくなるから、やらないほうがいいという、平和主義論者だった。

インドのガンジーなんかも一緒《いっしょ》だったよね。イギリスや南アフリカの現状を見てきた人として、イギリス人を暴力でもって倒《たお》そうとしても、軍事力でもって、もっとひどい目に遭《あ》わされるということで、暴力でもっては超《こ》えられないものがあると考えた。

われわれ、中国のなかにいる平和活動家たちも一緒であって。民主活動家たちも一緒でね。われらが機関銃《きかんじゅう》を持って立ち上がったところで、もっと激しい国家的軍事行動による粛清《しゅくせい》が行われることは、もう明らかなのでね。

まあ、その言葉はね、自分自身に対する自戒《じかい》の面もあるが、同志たちにとっては、「あんまり早まるな」と戒《いまし》める面もある。あんまり、暴力革命みたいなのをやろうとしても、暴力機構として成り立ってる国家に対しては、逆に、「全員、皆殺《みなごろ》し」にされるぐらいのことであるので。

だから、少しはある〝民主主義の芽〟を、どうやって育てるかっていうことだよね。なるべく嵐《あらし》に遭わないようにして、時間をかけて育てていかなきゃならないんでねえ。

われわれの味方は、「海外に行って帰ってきて、少しずつ仕入れた情報によって自己改革を起こしている人」や、あるいは、「少しずつ入ってくる海外のメディア情報、それから、自分自身が多少裕福《ゆうふく》になることによって考え方が変わってくる人たち」かなあ。そういうことは大きかったわな。

まあ、ある意味で、明治維新の時代の日本と似たような状況《じょうきょう》にもなってきておって、受験勉強をやって学歴を得たり、留学したりしたら、出世できるようにもなってきつつはあったんで、「あんまり極端《きょくたん》な弾圧を受けないようにしたほうが、緩《ゆる》やかな革命が起こせるんじゃないかな」と。

やっぱり、ワンゼネレーション、三十年ぐらいの幅《はば》を見てつくり上げていかないと。急速な革命運動だと、一挙に弾圧されて萎縮《いしゅく》してしまうっていうのが分かるし、証拠《しょうこ》を残さずに消されてしまいますのでね。

だから、そのへん、いやあ、怖い国なんですよ。核《かく》兵器も持ってるから、外国も自由には意見が言えない国なんでね。日本の力も頼《たよ》りたい気持ちはあるけれども、もう、日本人に対する抗日《こうにち》運動の映画のラッシュですからね。映画と、テレビのドラマも抗日運動ばっかりやってますから、「日本人に助けてもらいたい」と、表立って言えるような人はいない状態ですよね。

一粒《ひとつぶ》の麦、もし死なずば

酒井　今、「明治維新」という言葉もありましたけれども、劉暁波さんご自身は、なぜこの時代に中国を選んで生まれ変わられたのですか。

劉暁波　うーん、まあ、自分一人で革命なんか起こせるとは思わなかったけどね、ただ、「人柱《ひとばしら》の一つぐらいにはなれるかな」とは思っておった。

だから、ちょっとキリスト教的な言い方になるけどねえ、「一粒《ひとつぶ》の麦、もし死なずば……」っていうところはあったかな。自分の命を捨てて大地に落ちることによって、新しい実りがなることもあるからなあ。そんな気持ちはあったよ。

中国ぐらい大きいと、もう、「一粒の麦」じゃ足りないので、百も二百も、いろんな命が散っていかないと、尊い命が散らないと無理かと思う。「天安門《てんあんもん》（事

●「一粒の麦、もし死なずば……」　『新約聖書』の「ヨハネによる福音書」にあるイエス・キリストの言葉。「一粒の麦、地に落ちて死なずば、唯《ただ》一つにて在らん、もし死なば、多くの果を結ぶべし。（一粒の麦は、地に落ちて死ななければ、一粒のままである。だが、死ねば、多くの実を結ぶ）」。

件）」だって、正確な数は分からない。「四、五千人ぐらい死んだ」という説もあれば、「十万人ぐらい殺された」っていう説もあり、もう分からないけど、そういう情報は一切《いっさい》なくなるんですよ。中国っていう国ではね。

それから、あと、高速鉄道が落ちた事件（二〇一一年）もあったと思うけど、あれなんかも、外国から取材されるので、高架《こうか》から落ちたとき、人がまだ中に乗っていて、まだ生きてる人もいるし怪我《けが》をしてる人もいる状態なのに、土地を掘《ほ》って、その高速鉄道ごと埋《う》めてしまったっていうことがありましたが、だいたいそういう考えなんですよね。

2011 年 7 月 23 日に中国浙江省温州市で起きた高速鉄道衝突脱線事故で、高架から撤去される脱線車両（2011 年 7 月 24 日）。

10　革命の魂《たましい》は永遠に

過去世《かこぜ》は日本の明治維新《いしん》前夜に刑死《けいし》した志士？

酒井　霊的《れいてき》な話になりますが、もし、劉暁波さんが日本に生まれていらっしゃったら、やはり、「明治維新《いしん》の時代」ということでよろしいのでしょうか。

劉暁波　うーん、死んでまもないので、あんまり正確なことが言えるわけじゃないんだけどね。まあ、気持ちはそんな気持ちかなあ。

酒井　もし、明治維新であれば、明治維新のきっかけの一つとなった大きな事件として、「安政《あんせい》の大獄《たいごく》」というものがありましたけれども、それにかかわったというか、その関係の方でいらっしゃるんでしょうか。

劉暁波　……うーん。吉田松陰《よしだしょういん》先生とかはね、ご高名は聞いたことはあるね。うん。そりゃあ、ある。うーん。横井小楠《よこいしょうなん》先生や西郷隆盛《さいごうたかもり》先生とかね、そういう名前は聞いたことがあるわなあ。

桂《かつら》先生や久坂《くさか》先生ねえ。うん。

磯野　当時はどちらの藩《はん》にいらっしゃったんでしょうか。

劉暁波　うーん？　うん。（約五秒間の沈黙《ちんもく》）

●**安政の大獄**　1858～59年（安政5～6年）に江戸幕府の大老・井伊直弼が行った、尊王攘夷派への大弾圧。吉田松陰、頼三樹三郎、橋本左内ら8人が死刑になった。

……いやあ、中国人として死んだので、そう言われても、まあ……。

酒井　これ（本霊言《れいげん》）を録《と》る前に、大川隆法総裁のところにチラッと浮《う》かんできた名前が、橋本《はしもと》左内《さない》先生なんですけれど。

劉暁波　うーん。まあ、そういう名前はなじみがあるなあ。ああ。確かになあ。うん。

酒井　ご本人ではないんですか。

劉暁波　うーん。うーん。死んでまもないので、ちょっと、十分には分かりかねる部分はあるんだ

橋本左内（1834 ～ 1859）　幕末の志士。福井藩士。15歳で『啓発録』を記す。適塾で緒方洪庵《おがたこうあん》に蘭方医学を学んだ後、江戸に遊学して洋学を修め、藤田東湖《ふじたとうこ》、西郷隆盛などと親交を結ぶ。やがて松平春嶽《まつだいらしゅんがく》の側近となり、将軍継嗣《けいし》問題では一橋慶喜《ひとつばしよしのぶ》の擁立運動を展開、幕政改革や開国を唱える。安政の大獄で罪に問われ、斬首された。

けども。
その名前は、確かに、うーん、うーん、うーん、うーん、うーん……。

大川直樹　当時は『啓発録《けいはつろく》』などを書かれていますけれども……。

劉暁波　いやあ、獄中もあったなあ。
でも、若くして活躍《かつやく》したような気もする。「稚心《ちしん》を去れ」とかいうことを言ったような気持ちはあるが……。

酒井　ああ、左内先生でいらっしゃいますね。

『橋本左内、平成日本を啓発す―稚心を去れ！』（幸福実現党刊）

劉暁波　まあ、何も大事《だいじ》は成《な》せなかったから、藩の政治の運営に一時かかわったぐらいかなあ。うーん。

酒井　ただ、あそこから時代が動き始めたのは事実ですよね。

劉暁波　そんなことはないよ。やっぱり、維新の志士、数千人は動いとったからなあ。

酒井　ただ、「安政の大獄」というのは一つの大きな事件ではありましたので。今回の劉暁波さんもほぼ獄中死ということで、同じような位置づけですよね。

劉暁波　まあ、（中国在住の）中国人で、獄中でノーベル賞をもらったっていうのは私だけだから。「獄中でもらった」っていうことが諸外国に記憶《きおく》してもらえるっていうことではある。

だから、中国政府がいちばん怖《こわ》がってるのは、「劉暁波の死を無駄《むだ》にするな」ということで、いろんな運動が起きること。中国国内で起きたり、海外からも支《し》援《えん》が起きることが、いちばん怖かろうなあ。

もし、生きて、長生きして、国家主席なんかになられたら大変なことであろうから。マンデラになられちゃうからなあ。ネルソン・マンデラになられちゃったら困るので、何としても殺さなければいけなかっただろうから、本当に治療《ちりょう》してもらったのかどうか、私にも分からん。うーん。

三島由紀夫《みしまゆきお》との霊的《れいてき》な関係はあるか

酒井　もう一つ、知りたいことがあるんですけれども、●三島由紀夫《みしまゆきお》先生とは何か霊的《れいてき》な関係があるのでしょうか（『天才作家　三島由紀夫の描《えが》く死後の世界』〔幸福の科学出版刊〕参照）。

劉暁波　三島由紀夫……。うーん。（約五秒間の沈黙）

少し先行するけど、同時代に生きてた人間ではあるから……、うーん、だけど、おそらく、「愛国」とか「国防」とかいうことに関心を持ってる霊人《れいじん》たちっていうか、そういうのはいるんだろうなあ。

『天才作家 三島由紀夫の描く死後の世界』（幸福の科学出版刊）

●三島由紀夫（1925 ～ 1970）　日本の小説家、劇作家。東京生まれ。東京大学法学部卒。代表作は『潮騒』『金閣寺』『憂国』『豊饒《ほうじょう》の海』など。晩年、民兵組織「楯《たて》の会」を結成し、右翼的政治活動を行う。1970 年 11 月 25 日、陸上自衛隊市ヶ谷駐屯地において自衛隊員にクーデターを呼びかけるが果たせず、割腹自殺した。

だから、そういう人たちの交《まじ》わりに何か関係があったのかなあとは思うが、私は中国に生まれているので、三島由紀夫として同時に日本に生まれているということはないだろうよ。そんなことはないだろうとは思うがなあ。うーん。

でも、「事実上、アメリカに植民地化され、その後、洗脳を受けて、国家として自立できない日本」を自立させようとする運動を、あの方はなされたんだろうから、そういう意味では、主体的国家のあり方として、一つ、日本と中国の立場は逆になるので一緒《いっしょ》ではないんだけどねえ、まあ、気持ち的には、多少通じるものはあったのかなあ。

どこか過去世《かこぜ》で〝クロス〟してる部分があったのかもしらんけど、ま、葬式《そうしき》もやってくれない身では、今、ちょっとそこまでは、なかなかいかんなあ。分からない。

11　中国の人権状況《じょうきょう》・国民性、その本当のところ

アメリカの百分の一しか人権がない中国

酒井　時代の先鞭《せんべん》として、今後、劉暁波さんが〝革命の旗〟となる可能性があるのですけれども、これからあとに続いてくる中国の人民の方々に対してメッセージをお願いしたいのですが。

劉暁波　うーん。（中国）政府はね、かつての日本軍と同じでね、〝大本営発表《だいほんえいはっぴょう》〟を流し続けているから、国民は洗脳され続けているし、政府にとって都合《つごう》の悪い情報は流れない。

まあ、はっきり言って、北朝鮮《きたちょうせん》の〝生みの親〟ですよ、国家としてはねえ。だから、北朝鮮というのは、中国が生んだ〝鬼子《おにご》〟ですよ。「中国のまねをしてやってきたのに、何が悪い」っていうようなことだよな。

今、ちょっと、中国もG7《ジーセブン》とかに入りたいほうだからねえ。だから、多少、こう、〝カメレオン性〟を見せようと努力はしてるんだけど、なれない部分もあるんでねえ。オリンピックと万博《ばんぱく》をやっただけでも、外国人にだいぶなかに入られたんで、いいところだけを見せられるように頑張《がんば》ったのは頑張ったんだと思うけれども。オリンピックや万博で人が来られるところ、見えるところでボロを出さないように、その周辺までは頑張って、あとは、許可がなければ取材はさせないようにはしてたけどね。

まあ、北朝鮮も、たぶんそんなところだろうから。平壌《ピョンヤン》周辺だけをちょっと取材させる程度では分からないんだろうけど、歪《ひず》みは必ずあるんで、不平不満みたいなものを「音声」として取り上げれば、あるいは「映像」で取り上げれば、いっぱい問題は出てくるけど、「自分が不遇《ふぐう》に扱《あつか》われてる」っていうことを判断する材料さえ持っていない人がいっぱいいいるんでね。

ただ、(中国には)日本の工場なんかもずいぶん来てはいるので、日本の思想が全部入るわけではないんだが、経営とか経済的な発展についての目標としての見本が入ってきたことは、まあ、事実ではあるわなあ。

だから、意外によく知ってるところもある。「日本の発展の原動力になったものは何か」みたいなことは、意外にみんなよく知ってるところもある。

逆に言えば、「中国がロシア(ウクライナ)から買った中古の空母等を改造して竣工《しゅんこう》させた」みたいな情報は、日本では一部にしか流れていないだろうけれども、日本で護衛艦《ごえいかん》と称《しょう》する空母、空母型護衛艦ができて、〝ヘリコプター空母〟ができたりしたことは、中国ではバーッと一斉《いっせい》に報道されて、中国人はほとんど知ってる。むしろ、日本人のほうが知らない。

こういうこともあったりもするから、この虚々実々《きょきょじつじつ》のマスコミのコントロールが、まあ、すごい難しいところではあるけどね。

でも、中国の最大（の問題）は、やっぱり、「法律がおかしい」のと、それから、「裁判がおかしい」のと、「人権が非常に軽いこと」ね。人権が軽くて、中国人の人命は〝アメリカ人の百分の一ぐらい〟しか生命価値がないんだよ。百分の一ぐらいしか護《まも》ってくれない感じかなあ。まあ、数が多いから、〝インフレ〟で値打ちも下がっていると言えばそれまでなんだろうけど、やっぱり、人間としての一人当たりの値打ちを、もうちょっと尊重していける国家にしていかねばいかんだろうね。

あと、その貧しさを我慢《がまん》できなくなる人たちに、〝おすそ分け〟を与《あた》えるために、今、外国のいろんな資源を漁《あさ》りに行こうとしているところではあると思うけれども。これについては、自分たちの過去に受けた被害《ひがい》ばっかりを強調しすぎるのではなくて、今、国際世論《せろん》として起きていること、批判されていることについて、みんな、もうちょっとよく知る必要はあるんではないかな。

「自分を正当化」してしまう中国の国民性

劉暁波　とりあえずねえ、君たちの宗教から見れば、中国国民は正反対のことをやる国民なんですよ。

自己弁護はものすごく熱心にやる。人への攻撃はものすごく熱心にやる。だから、君たちみたいに、「人に愛を与え、自分に対しては反省する」というような宗教だったら、自分さえ護れないような気がするわけだね。だから、捕《つか》まえられると、まず犯罪人と思われるから、みんな、「いかに自分は正当か」を言う癖があるわけね。そういうのが国民性としてあると言えば、それまでなんだけどねえ。

外国からは嫌《きら》われてはいるんだけど、中国のなかにいると、「そういう自己弁護もできないような人間は、人間として平均以下だ」と見られるところもあるんで、これを国民性として受け入れられるか否《いな》かということだね。

日本の文化的なものは入れたがらない中国

劉暁波　それを〝打ち消す〟ものとしては、「ユーモアセンス」みたいなものがあるとも言われている。

逆に言えば、日本人のほうが、ある意味で、無表情で感情が分からないところもあるからなあ。日本人に比べれば、論理的反駁《はんばく》をする国民ではあるんでな。

ただ、〝爆買《ばくが》い〟で、これだけの人が日本に行っていることになっているのに、日本の文化的なものを入れたがらないよね。まあ、商品を買うぐらいはいいのかなあ。（中国国内では）偽物《にせもの》のブランド品をいっぱい買わされてるから、日本で、偽物でないブランド品を買ってきて、転売して、儲《もう》けるとかな。そういうことをいっぱいいやってる。

それでも、多少は影響《えいきょう》を受けてはいるから、〝日本のすごさ〟を分かってるところはあるんだけどねえ。だけど、（自国を）自慢したい気持ちもすごくあるんで。

最終的には、〝同じ基準〟で日本国内と中国国内を測《はか》る……、例えば、経済的なものを同じ基準で測ることや、軍事的なところで隠《かく》している部分をどのくらい開けて見せるかっていうようなところかな。

中国は、今、「地上戦では、アメリカが来ようが日本が来ようが、負けない」という感じの自信は持っている。ただ、たぶん、「海上戦や空中戦になれば、まだ負ける」という考えを持っているので、このへんで、「軍国主義化は、まだやめるわけにはいかない」という気持ちはあるんだろうな。（中国）政府のほうは、北朝鮮のことが契機《けいき》になって、中国本土が危機に陥《おちい》ってはいけないという気持ちを持っていて、これについては、まあ、痛し痒《かゆ》しのところだろうね。

中国なら、加計《かけ》学園レベルの問題は当たり前のこと

劉暁波　ただ、私の民主化運動というものの一つは、やっぱり、「人間の尊重」っていうことをもっと重視すべきだということだし、まあ、「デュー・プロセス（適正手続）」っていうやつだよな。

裁判を受けるに当たっても、十分な法的手続きが保障されて、基本的に、刑法《けいほう》に関しては推定無罪で、人権を護っていきながらやらなきゃいけないし、恣意《しい》的につくられた法律についても、チェックだよね。やっぱり、国際的なチェックは

入るべきだし。それが分からなければ、マスコミ等で自由に言論を放《はな》って、その材料をどう見るかっていうことを知らせてほしいなと思う。

日本では、週刊誌等が、〝政府の穴〟とか〝野党の穴〟とかをいろいろと批判して、撃《う》ち落とすことをやってるんだろうが、それは、ある意味では気の毒ではあるけど、ある意味では、権力者の腐敗《ふはい》は常に見張られているということでもあるんでね。まあ、一部の人に対しての人権侵害《しんがい》は起きているが、大きな意味では、庶民《しょみん》の人権を護る役割もあるのかなあと思っている。

今、日本で起きている、「安倍《あべ》政権の何かがお友達に便宜《べんぎ》を図《はか》った」みたいなことは、中国では「当たり前のこと」でね（笑）。

それが問題になるっていうんだったら、うーん……。まあ、何百億か何千億かぐらい儲けたっていうようなことでも出てきたら、それは問題になると思うが、国家のトップレベルまで行っている人だったら、百万、二百万の献金《けんきん》をもらったとか、政治でちょっと応援《おうえん》してもらったとかいう程度のものは、一瞬《いっしゅん》で揉《も》み消すね。〝瞬殺〟だな、ほぼな。そんなんでは行きゃあしないから。

だから、今は、できるだけ、（中国が）法治《ほうち》国家だと思わされているところの「法律の問題」を、もうちょっと多角的に議論できたり、人権のところをどうやって保障するかっていう問題を入れたりするべきだし、「経済的な問題」については、公平性や平等性の原則を貫《つらぬ》いて、いかに、ずるいことをして私腹を肥《こ》やしている人間たちを暴《あば》き出すかっていうようなことだし。

まあ、習近平《しゅうきんぺい》も、蓄財《ちくざい》をやったり、親戚《しんせき》等を通して海外に資産を逃《のが》したりしてるようなところもあると思うけど、こんなのもみんな、〝きれいに洗って〟いただきたいなあというふうには思う。

だから、国民を平等に豊かにできない。共産主義なら本当はやらなきゃいけないことをやっていないために、海外から搾取《さくしゅ》するか、そうでなければ、国内のなかの一部の人を身代わりに仕立て上げて、「こいつが悪いことをやっていた」っていうことで、見せしめで〝処刑〟していくことによって不満を黙《だま》らすという〝古典的手法〟を、今、取っているということかなあ。

ヨーロッパ・アフリカ・油田地帯までの支配も考える習近平《しゅうきんぺい》を止められるか

劉暁波　いやあ、この国は、そんな簡単に変わる国ではないんだが。習近平《しゅうきんぺい》は、〝皇帝《こうてい》〟を目指してるし、「構想力」という意味では、今までの国家主席を超《こ》えたものがある。彼は、今、「毛沢東《もうたくとう》を超えよう」と思っているところであろうからね。ヨーロッパまで支配しようと考えている。アフリカも植民地に変えようとしているぐらいなんで。それから、油田地帯は全部押《お》さえたいっていう考えを持っておるからね。

アメリカが、オバマ政権下でグーッと退《ひ》いていったんで、いやあ、これ、止められるかなあ。止めたところで、そのあとがよくなるのかどうかも、よくは分からない。

「統一中国」っていうのは、いつも悲願ではあるんだけど、統一の下《もと》には、一定の被害を受けるものが必ず出てはくるし、中国の歴史を見たら、もう内戦の嵐《あらし》なんでね。だから、国民のなかにも、「劉暁波が牢獄《ろうごく》につながれようと、死のうと、内戦でまた延々と戦火が続くよりはましか」と思っている人も、たくさんいるわけなんでね。

12　中国の革命家たちへのメッセージ

今の中国政権の最大の敵は「宗教」――思想や理念を伝えよ

劉暁波　やっぱり、一つの思想というか、理念は要るねえ。

君たちの思想で救えるのかどうかは、私には分からないけれども、「人間がなぜ尊いのか」を、合理的に説明してください。

さらに、「豊かになるにはどうしたらいいのか」っていうことを、きっちりと教えてください。

それから、「豊かになるためには、必ずしも欧米追随《おうべいついずい》でなくても、東洋的なあり方もありえるのだ」ということを教えてください。

そういうことを上手に教えてくれれば、あなたがたの思想も、中国の人たちを大いに潤《うるお》し、富ますことになるだろうと思うんだよな。

今の政権の〝最大の敵〟は、「宗教」だろうね。

国内では、実際は気功団体にしかすぎないようなものが、九千万人いるとか称《しょう》したために弾圧《だんあつ》を受けてはおるが、ああいう思想性のないものでは、国家転覆《てんぷく》は難しいだろうねえ。

だから、外国に本拠《ほんきょ》を持ちながら、グローバルに包み込《こ》んでくる力が必要なんじゃないかなあと思う。

今いちばん有力なのは、キリスト教の地下教会で、（中国のキリスト教徒は）一億人を超《こ》えているのではないかとまで言われているので、キリスト教系の革命の可能性は極《きわ》めて高いかなあと思ってはいるんだけども。

君たちにも可能性はあると思う。

台湾《たいわん》や、あるいは香港《ホンコン》、その他のところにも、今、君たちの思想は流れていってるし、日本で何が流行《はや》っているかっていうことに対しては、中国人もすごく敏《びん》感《かん》なので、大川隆法っていう人を知っている人は、中国にはかなりの数いるよ。

だから、あと、中国で次々と〝討《う》ち死に〟するような革命の志士ではない、もうちょっと国際的な、それこそ、「万国《ばんこく》のプロレタリアートよ、団結せよ」の代わりに、「万国の幸福の科学信者よ、団結せよ」というところかなあ。

まあ、君たちのは、はっきりは分からないんだけども、何らかの〝媒介《ばいかい》〟っていうか、〝クッション〟っていうか、「東西の橋渡《はしわた》し」になり、「イスラム教との橋渡し」にもなる何かが出てこようとしていることだけは分かる。

その前に、どれほど民主化活動をやってる人たちが犠牲《ぎせい》になるかは分からないけれども、何とか、あの独裁体制を壊《こわ》す。そして、民衆たちに、「本当の力とは何か」っていうことを教えていただきたい。

革命の材料になるような「思想や活動のインフラ」をつくれ

劉暁波　私は「劉《りゅう》」だけれども、「劉備玄徳《りゅうびげんとく》」っていう名前も、この教団では聞こえてくることもあるので、「三国志」の英雄《えいゆう》が日本に生まれてるっていうなら、そっちを伝道のツールとしてもっと使ったほうがいいんじゃないかねえ。「『三国志』の英雄が日本に生まれて、こんな考え方を発信している」というようなことを伝えたら、意外に流行るかもしれないから。

君らにとっては、そりゃあ、昔の演劇にしかすぎないかもしれないけれども、意外に、あれじゃないですか。「現代版の〝三国志〟的なもの」をつくって輸出して、中国の味方のように見せながら、考え方を変えさせていくみたいなことも、できるんじゃないかなあ。

「劉暁波の霊言《れいげん》」なんか、大した値打ちはないかもしらんけど、もっと昔の中国の〝偉《えら》い人の霊言〟を録《と》って、中国語に訳して出したほうがいいんじゃないの。そして、「彼らによれば、やっぱり、（今の中国は）おかしい」っていうところをちゃんと出す。（中国は）仏教国でもあるし儒教《じゅきょう》国でもあるし、さまざまな思想があって、道教《どうきょう》国でもあるわけだから。

幸福の科学には、荘子《そうし》とか、そういう人も入っていると聞いてる。老荘《ろうそう》思想も入っているとも聞いてるし、孔子《こうし》だって教えを説いているとも聞いているので、中国思想のところをもっと上手に使って入ってくれれば、もう一つ、道はできるんじゃないかな（『公開霊言　老子《ろうし》の復活・荘子の本心』『荘子の人生論』『老子の幸福論』『孔子の幸福論』『孔子、「怪力乱神」を語る』〔いずれも幸福の科学出版刊〕、『世界の潮流はこうなる』〔幸福実現党刊〕参照）。

今はちょっと、核《かく》兵器や北朝鮮《きたちょうせん》絡《がら》みで、政治的にや

『孔子、「怪力乱神」を語る』（幸福の科学出版刊）

や対立する姿勢を取っていて、当局が警戒《けいかい》する動きがあるので難しいとは思うんだが、もうちょっと上手に、民衆たちが新しい革命を考える材料になる「思想的基《き》盤《ばん》」をね、「思想のインフラ」をつくっていくことが大事なんじゃないか。

やっぱり、南部から攻《せ》めるべきだろうね。だから、何とかして、台湾・香港のあたりを上手に死守して、それをもうちょっと中国南部に広げ、あと、都市部に攻め込んでいくかたちかなあ。そういうのが大事なんじゃないかねえ。

あとは、君たちも、関連事業として工場とかを少し持てるようになるといいよ。産業のかたちをして工場

『老子の幸福論』
（幸福の科学出版刊）

『荘子の人生論』
（幸福の科学出版刊）

『公開霊言　老子の復活・荘子の本心』
（幸福の科学出版刊）

を〝輸出〟していって、そこを伝道所に変えていくっていうようなスタイルだってありえるんだから。それはありえるんじゃないですか。

ユニクロなんか、もう、全部伝道しちゃったらいいんじゃない。全部、幸福の科学に帰依《きえ》させちゃったらいいんじゃないかなあ。そしたら、中国人の信者はけっこう増えるよ。ほかにもいっぱいあるけどね。

だから、ちょっとそのへん、もう少し頑張《がんば》らないと。どうだろうか。

「新しい革命」――「多様さ」と「寛容《かんよう》さ」を愛する心を広げよ

酒井　ありがとうございます。劉暁波先生のお言葉を、ぜひ、中国全土に、そして、日本にも広めていきたいと思っております。

劉暁波　今、「新しい革命」が必要だと思います。

革命、反革命は罪に問われますけれども、一つの考えだけではやっていけないことがあるので、「ほかから学ぶべきものを大事にしたほうがいいと思いますよ」と。「日本からも、今、大事な考え方が出てきてますよ」と。

これについては、欧米と対抗《たいこう》するような感じではないものが出ているので、これを学ぶことも大事なんじゃないかなあというふうに思いますね。

幸福の科学のいちばんの特徴《とくちょう》は、やっぱり、「寛容《かんよう》さ」だろうね。「多様さ」と「寛容さ」だと思うんだよ。この「多様さ」と「寛容さ」の教えを説くことによって、これが、民主主義とつながってくるものなんでね。

単一性だけを言うと、民主主義は起きないんですよ。単一性であることが、全体主義につながるんだよ。だから、「寛容さ」と「愛の心」や、「多様性を愛する心」。「多様性を愛する心」っていうのは、諸子百家《しょしひゃっか》の時代を許容《きょよう》する心だよね。

「真なる神は、諸子百家のように、いろんな思想が百花繚乱《ひゃっかりょうらん》のごとく咲《さ》き乱れて、国を豊かにすることを望んでおられるんだ」っていう思想を、正面からぶつけていくといいんじゃないかなあと思う。秦《しん》の始皇帝《しこうてい》みたいな統治が長く続くのは困るんだということだね。

「日米 対 中朝の戦い」は、ここ十年が正念場《しょうねんば》

劉暁波　でも、ここ十年ぐらいが正念場《しょうねんば》だね。ここ十年ぐらい、〝力相撲《ずもう》〟をやってる感じだろう。「日米関係」対「中国の覇権《はけん》主義・北朝鮮」は、ここ十年ぐらいが戦いで、これで、〝どっちが土俵《どひょう》から投げ飛ばされるか〟っていうのが、この十年だね。

だから、君らの時代だよ。君らの時代に、ここ十年、どう戦うかね。劉暁波は、ただの一里塚《いちりづか》にしかすぎないけれども、次は、幸福の科学の教えをバックボーンにして活動する人を増やさなきゃいけないと思いますね。

まずは、「言論・出版の自由」「表現の自由」等を取り戻《もど》すことが大事。もちろん、同時に、「信教の自由」「思想・信条の自由」と、「政治的信条の自由」とを取り戻すことが大事だっていうことだね。

中国の憲法には「信教の自由」だって規定されてるけど、全然守ってなんかいやしないので。それは、「オウム真理教に信仰《しんこう》の自由がある」と言ってるのと変わらないレベルであるんでね。

まあ、幸福の科学っていう宗教には、私も、同時代に生きた者として関心を持っているので、何らかの新しい中国革命の導火線になってくれることを願っている。だから、臆《おく》することなく、かつての中国で輝《かがや》いた神々をも復活させていただきたい。

酒井　はい。本日は、まことにありがとうございました。

13　多様な国家・民族が共存できる新しい社会を

大川隆法　（二回手を叩《たた》く）まだ橋本左内《はしもとさない》にはなり切らない感じのようではありますが、亡《な》くなったばかりなので、しかたないですね。

でも、「ノーベル平和賞」を受賞して、国際的に注目されたというのは大きいことなので、この人に関連した本を出すことによって、あるいは、中国国内で、本霊言《れいげん》等を聴《き》くことのできる人が出ることによって、〝何らかの核《かく》ができる〟かもしれません。それに対する協力は惜《お》しまないということです。

私たちは、別に、中国を殲滅《せんめつ》したいなどという気持ちを持っているわけではなく、やはり、この多様な国家、民族が、共存していけるような社会をつくらなければいけないと考えているのです。

片方が一方的に核や弾道《だんどう》ミサイルの強化をしているようなときに、それを止める手段がないのなら、抑止力《よくしりょく》も必要だと思っているけれども、それは決して、考え方に反するものを殲滅したいという気持ちで言っているわけではありません。

幸福の科学に関しては、西洋型でも、古いかたちの東洋型でもない、東洋型専制国家でもない、「新しい考え方」が、今、出ているのだということを、中国国民に知らせることができれば幸いです。

では、以上です。ありがとうございました。

質問者一同　ありがとうございました。

あとがき

銀座や渋谷、新宿に爆買《ばくが》いに来る中国人観光客を見て、中国も、自由主義陣営に入ったものと頭から信じ込むと、やがて大変なことになるだろう。昨年ニューヨークへ行って、エンパイアー・ステートビルに登った。その時も、日本人客は私たちだけで、ほとんど中国人観光客だった。ある種の国策が背景にあると思ってよかろう。

つい先日、死去した中国民主主義の旗手《きしゅ》・劉暁波《りゅうぎょうは》氏。中国政府は、散骨《さんこつ》を断行し、存在の証拠さえ消してしまった。革命の目的が「自由」であることを理解しないこの国家は、いまだ宗教をアヘンだと思い、国家全体主義を人民の幸福だと考えているのである。

ある意味で、悪魔が人類の五分の一を押え込んでいるのである。「愛なき者は、神を知らず」とも言う。もし中国の民衆を愛する心があるなら、全世界の神を信ずる者たちは、「劉暁波氏の復活の福音《ふくいん》」をあらゆる手段で広めていただきたいと思う。それこそが救済《きゅうさい》だ。

二〇一七年　七月二十三日

幸福《こうふく》の科学《かがく》グループ創始者兼総裁《そうししゃけんそうさい》　大川隆法《おおかわりゅうほう》

『中国民主化運動の旗手 劉暁波の霊言』 大川隆法著作関連書籍

『無限の愛とは何か』(幸福の科学出版刊)
『戦後保守言論界のリーダー 清水幾太郎の新霊言』(同右)
『天才作家 三島由紀夫の描く死後の世界』(同右)
『公開霊言 老子の復活・荘子の本心』(同右)
『荘子の人生論』(同右)
『老子の幸福論』(同右)
『孔子の幸福論』(同右)
『孔子、「怪力乱神」を語る』(同右)
『世界の潮流はこうなる』(幸福実現党刊)

中国《ちゅうごく》民主化《みんしゅか》運動《うんどう》の旗手《きしゅ》 劉暁波《りゅうぎょうは》の霊言《れいげん》

――自由への革命、その火は消えず――

2017年7月24日 初版第1刷
2017年8月17日 第2刷

著者 大《おお》川《かわ》隆《りゅう》法《ほう》

発行所 幸福の科学出版株式会社

〒107-0052 東京都港区赤坂2丁目10番14号
TEL(03)5573-7700
http://www.irhpress.co.jp/

印刷・製本 株式会社 研文社

落丁・乱丁本はおとりかえいたします

ISBN978-4-86395-931-6 C0030
カバー写真：AP/アフロ
本文写真：Newscom/アフロ／AFP＝時事／時事

大川隆法 霊言シリーズ・中国の政治家の霊言

中国と習近平に未来はあるか

反日デモの謎を解く

「反日デモ」も、「反原発・沖縄基地問題」も中国が仕組んだ日本占領への布石だった。緊迫する日中関係の未来を習近平氏守護霊に問う。【幸福実現党刊】

1,400円

李克強 次期中国首相本心インタビュー

世界征服戦略の真実

「尖閣問題の真相」から、日本に向けられた「核ミサイルの実態」、アメリカを孤立させる「世界戦略」まで。日本に対抗策はあるのか!?【幸福実現党刊】

1,400円

アダム・スミス霊言による「新・国富論」

同時収録 鄧小平の霊言 改革開放の真実

国家の経済的発展を導いた、英国の経済学者と中国の政治家。霊界における境遇の明暗が、真の豊かさとは何かを克明に示す。

1,300円

※表示価格は本体価格(税別)です。

大川隆法 霊言シリーズ・世界の指導者の本心

キング牧師 天国からのメッセージ

アメリカの課題と夢

英語霊言
日本語訳付き

宗教対立とテロ、人種差別、貧困と移民問題、そして米大統領選のゆくえ――。黒人解放運動に生涯を捧げたキング牧師から現代人へのメッセージ。

1,400円

マハトマ・ガンジーの霊言 戦争・平和・宗教・そして人類の未来

英語霊言
日本語訳付き

どんな差別や憎しみも、乗り越えてゆける――。インド独立の父・ガンジーが、「神の愛と慈悲」の観点から現代の国際問題の解決策を読み解く。

1,400円

ネルソン・マンデラ ラスト・メッセージ

英語霊言
日本語訳付き

人種差別と戦い、27年もの投獄に耐え、民族融和の理想を貫いた偉大なる指導者ネルソン・マンデラ。死のわずか6時間後の復活インタビュー!

1,400円

※表示価格は本体価格(税別)です。

大川隆法霊言シリーズ・現代に甦る維新の志士たち

橋本左内、平成日本を啓発す
稚心を去れ！

安逸を貪る日本人よ、志を忘れていないか。国防危機が現実化しても、毅然とした態度を示せない日本を、明治維新の先駆者が一喝！【幸福実現党刊】

1,400円

吉田松陰「現代の教育論・人材論」を語る

「教育者の使命は、一人ひとりの心のロウソクに火を灯すこと」。維新の志士たちを数多く育てた偉大な教育者・吉田松陰の「魂のメッセージ」！

1,500円

横井小楠 日本と世界の「正義」を語る
起死回生の国家戦略

明治維新の思想的巨人は、現代日本の国難をどう見るのか。ずば抜けた知力と世界を俯瞰する視点で、国家として進むべき道を指南する。【幸福実現党刊】

1,400円

幸福の科学グループのご案内

宗教、教育、政治、出版などの活動を通じて、地球的ユートピアの実現を目指しています。

幸福の科学

一九八六年に立宗。信仰の対象は、地球系霊団の最高大霊、主エル・カンターレ。世界百カ国以上の国々に信者を持ち、全人類救済という尊い使命のもと、信者は、「愛」と「悟り」と「ユートピア建設」の教えの実践、伝道に励んでいます。

（二〇一七年八月現在）

愛

幸福の科学の「愛」とは、与える愛です。これは、仏教の慈悲《じひ》や布施《ふせ》の精神と同じことです。信者は、仏法真理をお伝えすることを通して、多くの方に幸福な人生を送っていただくための活動に励んでいます。

悟り

「悟り」とは、自らが仏の子であることを知るということです。教学《きょうがく》や精神統一によって心を磨き、智慧《ちえ》を得て悩みを解決すると共に、天使・菩薩《ぼさつ》の境地を目指し、より多くの人を救える力を身につけていきます。

ユートピア建設

私たち人間は、地上に理想世界を建設するという尊い使命を持って生まれてきています。社会の悪を押しとどめ、善を推し進めるために、信者はさまざまな活動に積極的に参加しています。

国内外の世界で貧困や災害、心の病で苦しんでいる人々に対しては、現地メンバーや支援団体と連携して、物心両面にわたり、あらゆる手段で手を差し伸べています。

年間約３万人の自殺者を減らすため、全国各地で街頭キャンペーンを展開しています。

公式サイト　www.withyou-hs.net

ヘレン・ケラーを理想として活動する、ハンディキャップを持つ方とボランティアの会です。視聴覚障害者、肢体不自由な方々に仏法真理を学んでいただくための、さまざまなサポートをしています。

公式サイト　www.helen-hs.net

INFORMATION

お近くの精舎・支部・拠点など、お問い合わせは、こちらまで！

幸福の科学サービスセンター

TEL. 03-5793-1727 （受付時間 火～金：10～20時／土・日・祝日：10～18時）

幸福の科学 公式サイト happy-science.jp

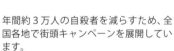

幸福の科学グループの教育・人材養成事業

ハッピー・サイエンス・ユニバーシティ

Happy Science University

教育

ハッピー・サイエンス・ユニバーシティとは

ハッピー・サイエンス・ユニバーシティ(HSU)は、大川隆法総裁が設立された「現代の松下村塾」であり、「日本発の本格私学」です。
建学の精神として「幸福の探究と新文明の創造」を掲げ、
チャレンジ精神にあふれ、新時代を切り拓く人材の輩出を目指します。

学部のご案内

人間幸福学部

人間学を学び、新時代を切り拓くリーダーとなる

経営成功学部

企業や国家の繁栄を実現する、起業家精神あふれる人材となる

未来産業学部

新文明の源流を創造するチャレンジャーとなる

HSU長生キャンパス
〒299-4325
千葉県長生郡長生村一松丙 4427-1
TEL **0475-32-7770**

未来創造学部

時代を変え、未来を創る主役となる

政治家やジャーナリスト、ライター、俳優・タレントなどのスター、映画監督・脚本家などのクリエーター人材を育てます。4年制と短期特進課程があります。

・4年制
1年次は長生キャンパスで授業を行い、2年次以降は東京キャンパスで授業を行います。

・短期特進課程(2年制)
1年次・2年次ともに東京キャンパスで授業を行います。

HSU未来創造・東京キャンパス
〒136-0076
東京都江東区南砂2-6-5
TEL **03-3699-7707**

幸福実現党 釈量子サイト
shaku-ryoko.net

Twitter
釈量子@shakuryoko
で検索

党の機関紙
「幸福実現NEWS」

政治

幸福実現党

内憂外患《ないゆうがいかん》の国難に立ち向かうべく、2009年5月に幸福実現党を立党しました。創立者である大川隆法党総裁の精神的指導のもと、宗教だけでは解決できない問題に取り組み、幸福を具体化するための力になっています。

幸福実現党　党員募集中

あなたも幸福を実現する政治に参画しませんか。

○幸福実現党の理念と綱領、政策に賛同する18歳以上の方なら、どなたでも参加いただけます。

○党費：正党員（年額5千円［学生 年額2千円］）、特別党員（年額10万円以上）、家族党員（年額2千円）

○党員資格は党費を入金された日から1年間です。

○正党員、特別党員の皆様には機関紙「幸福実現NEWS（党員版）」が送付されます。

＊申込書は、下記、幸福実現党公式サイトでダウンロードできます。

住所：〒107-0052　東京都港区赤坂2-10-8 6階 幸福実現党本部

TEL **03-6441-0754**　FAX **03-6441-0764**

公式サイト **hr-party.jp**　若者向け政治サイト **truthyouth.jp**

幸福の科学出版

出版
メディア
事業

大川隆法総裁の仏法真理の書を中心に、ビジネス、自己啓発、小説など、さまざまなジャンルの書籍・雑誌を出版しています。他にも、映画事業、文学・学術発展のための振興事業、テレビ・ラジオ番組の提供など、幸福の科学文化を広げる事業を行っています。

アー・ユー・ハッピー？
are-you-happy.com

ザ・リバティ
the-liberty.com

幸福の科学出版
TEL **03-5573-7700**
公式サイト **irhpress.co.jp**

THE FACT

ザ・ファクト
マスコミが報道しない
「事実」を世界に伝える
ネット・オピニオン番組

Youtubeにて
随時好評
配信中！

ザ・ファクト　検索

芸能文化
事業

NEW STAR PRODUCTION

ニュースター・プロダクション

「新時代の"美しさ"」を創造する芸能プロダクションです。2016年3月に映画「天使に"アイム・ファイン"」を、2017年5月には映画「君のまなざし」を公開しています。

公式サイト **newstarpro.co.jp**

ARI Production

ARI《アリ》 Production《プロダクション》

タレント一人ひとりの個性や魅力を引き出し、「新時代を創造するエンターテインメント」をコンセプトに、世の中に精神的価値のある作品を提供していく芸能プロダクションです。

公式サイト **aripro.co.jp**

幸福の科学　入会のご案内

あなたも、ほんとうの幸福を
見つけてみませんか？

幸福の科学では、大川隆法総裁が説く仏法真理をもとに、
「どうすれば幸福になれるのか、また、
他の人を幸福にできるのか」を学び、実践しています。

入会

大川隆法総裁の教えを信じ、学ぼうとする方なら、どなたでも入会できます。入会された方には、『入会版「正心法語」』が授与されます。（入会の奉納は1,000円目安です）

ネットでも**入会**できます。詳しくは、下記URLへ。
happy-science.jp/joinus

三帰《さんき》誓願《せいがん》

仏弟子としてさらに信仰を深めたい方は、仏・法・僧の三宝への帰依を誓う「三帰誓願式」を受けることができます。三帰誓願者には、『仏説・正心法語』『祈願文①』『祈願文②』『エル・カンターレへの祈り』が授与されます。

植福《しょくふく》の会

植福は、ユートピア建設のために、自分の富を差し出す尊い布施の行為です。布施の機会として、毎月1口1,000円からお申込みいただける、「植福の会」がございます。

ご希望の方には、幸福の科学の小冊子（毎月1回）をお送りいたします。詳しくは、下記の電話番号までお問い合わせください。

月刊「幸福の科学」

ザ・伝道

ヤング・ブッダ

ヘルメス・エンゼルズ

What's 幸福の科学

INFORMATION
幸福の科学サービスセンター
TEL. 03-5793-1727（受付時間 火～金：10～20時／土・日・祝日：10～18時）
幸福の科学 公式サイト **happy-science.jp**